DE LA

SITUATION FINANCIÈRE

ET

DU BUDGET

AVIS DE L'ÉDITEUR.

Cet écrit a paru pour la première fois dans la *Revue des Deux Mondes*
(1er novembre 1849). L'attention qu'il a obtenu a déterminé l'auteur à le
faire réimprimer.

PARIS. — IMPRIMERIE DE GERDÈS,
10, rue Saint-Germain-des-Prés.

HISTOIRE FINANCIÈRE

DE LA

SITUATION FINANCIÈRE

ET

DU BUDGET

PAR

M. LÉON FAUCHER

ANCIEN MINISTRE DE L'INTÉRIEUR, REPRÉSENTANT DU PEUPLE

PARIS

AU BUREAU DE LA REVUE DES DEUX MONDES
RUE SAINT-BENOÎT, 20
GARNIER FRÈRES, LIBRAIRES
215, PALAIS NATIONAL

1850
1849

DE LA

SITUATION FINANCIÈRE

ET

DU BUDGET.

Je ne me propose pas de remonter à l'origine des embarras qui pèsent sur nos finances. Cette controverse, qu'elle ait ou qu'elle n'ait pas eu son jour d'opportunité, qu'elle ait été nécessaire ou oiseuse, me semble désormais entièrement épuisée. A la lumière des révolutions, tout le monde peut lire. Dans ce passé d'hier, dont nous nous dégageons à peine, l'opinion publique a déjà, mieux que les calculs les plus précis et que les raisonnemens les plus subtils, fait irrévocablement la part de chaque régime. Ceux qui ont à revendiquer ou à décliner la responsabilité des événemens sont reçus à plaider devant l'histoire, qui les juge. Je ne me reconnais aucun droit de cette nature pour intervenir dans le débat. Toute récrimination de ma part, en face des difficultés qui nous assiégent et auxquelles il faut pourvoir, serait donc aujourd'hui sans excuse. Je mériterais d'être traité comme ce pédant que flagelle notre fabuliste, et l'on me ferait justement, comme à tous ceux qui s'arrêtent pour discuter au milieu des ruines, l'application de cette caricature, dans laquelle est représenté le trésor qui se noie, et qui crie aux faiseurs de discours, de brochures, voire d'exposés des motifs :

1

> Eh! mon ami, tire-moi de danger,
> Tu feras après ta harangue.

J'ajoute que nous sommes en ce moment trop loin ou trop près des faits accomplis, trop près pour en porter ce jugement impartial et définitif qui se grave dans la conscience des peuples, trop loin pour exercer une action quelconque sur les conséquences. La liquidation de cette désastreuse période est aujourd'hui terminée. On en voit clairement les résultats pour les fortunes privées comme pour la fortune publique. Sans parler des pertes douloureuses qu'ont eu à subir les capitalistes, les propriétaires fonciers, les commerçans, les chefs d'industrie, les ouvriers des villes et ceux de l'agriculture, il en a coûté soixante-deux millions et demi de rentes qui vont s'inscrire, au rang des charges annuelles, dans le budget de l'état.

Laissons donc tout retour sur le passé, et ne nous détournons pas des difficultés que nous avons à résoudre. Elles sont assez grandes pour devenir l'objet d'une préoccupation exclusive et absolue. Nous avons à pourvoir aux exigences de la situation pendant l'année qui va s'ouvrir; nous avons à poser en même temps les bases d'un état normal, à préparer, sinon à rétablir, l'équilibre dans les élémens du budget, à dégager enfin l'ordre financier du désordre. Je prends cette situation telle que M. le ministre des finances l'a présentée. Je ne discute pas les chiffres qu'il a indiqués avec l'autorité de sa position officielle; je les accepte, malgré quelques contradictions apparentes, comme le point de départ de la discussion.

M. le ministre des finances pose en fait que le total des découverts représentés par la dette flottante, au 1er janvier 1850, ne s'élèvera pas à moins de 550 millions (1). Il évalue les dépenses tant ordinaires qu'extraordinaires de l'année 1850 à la somme de 1,591 millions, et comme les revenus de l'état, en calquant le budget des recettes de 1850 sur celui de 1849, ne lui paraissent pas pouvoir excéder la somme de 1,270 millions, il en induit un déficit de 321 millions, qui porterait l'ensemble des découverts, en règlement d'exercice, à 871 millions. — 871 millions, voilà donc la montagne financière à escalader ou à aplanir! 871 millions! c'est comme si, outre le budget républicain, nous avions à payer encore un budget de l'empire.

Les contribuables, qui sont présumés devoir fournir à l'état une ressource de 1,270 millions en 1850, trouveraient-ils dans leur revenu, lorsque les denrées se vendent mal et que le commerce et l'industrie battent d'une aile, les moyens de combler encore cette effroyable lacune de 871 millions? Évidemment, on n'y peut pas songer. Quel que

(1) C'est l'évaluation que l'on trouve à la page 14 de l'exposé des motifs. A la page 192 du budget, la dette flottante n'est plus évaluée qu'à 520 millions.

soit le patriotisme des citoyens, l'impôt touche aujourd'hui de bien près à là limite des facultés contributives. Aussi, M. le ministre des finances rejette-t-il le poids principal de cette liquidation nouvelle dans le domaine du crédit.

M. Passy laisse d'abord 350 millions à la charge de la dette flottante. C'est, à quelques millions près, le niveau qu'elle devait atteindre en 1849. Pour décharger la dette flottante de l'excédant, M. le ministre des finances demande l'autorisation de contracter, au nom de l'état, un emprunt de 200 millions. C'est à la même source qu'il veut puiser les 103 millions qui représentent la dépense des travaux extraordinaires. On comblerait ainsi, par les moyens de crédit, dette flottante et dette consolidée, les découverts probables jusqu'à concurrence de 653 millions. En admettant, par hypothèse, le succès de ces combinaisons, il resterait encore un déficit de 218 millions. M. le ministre des finances y pourvoit par l'annulation définitive des rentes rachetées, pour une somme de 79 millions, et par la suspension provisoire de l'amortissement, dont la dotation se trouve ainsi portée, pour 65 millions, au budget des recettes comme au budget des dépenses, ce qui réduit en réalité ce dernier budget de 145 millions. Enfin, M. Passy obtient 79 millions par la création de nouveaux impôts, tels que la taxe du revenu et diverses taxes additionnelles au timbre, à l'enregistrement, ainsi qu'aux patentes. Il en résulte un excédant de 7 à 8 millions, insuffisant assurément pour défrayer les crédits supplémentaires, pour servir de marge à cet imprévu qui ne représente jamais moins de 30 à 40 millions par année.

Ainsi, même en adoptant les évaluations et les combinaisons de M. le ministre des finances, un déficit de 25 à 30 millions sur l'exercice 1850 resterait probable; mais ce n'est pas tout, et le découvert de 1849 paraît devoir largement dépasser les 184 millions indiqués par M. Passy. Il a compris lui-même dans les recettes de cet exercice, jusqu'à concurrence d'environ 18 millions, le produit d'impôts qui n'ont pas reçu la sanction législative; et la défalcation de cette recette fictive porte déjà le découvert à plus de 200 millions. Que l'on ajoute les crédits supplémentaires qu'entraîne la présence sous les drapeaux d'un effectif moyen supérieur à celui des 386,000 hommes accordés par le budget, les 8,903,020 francs qu'exige encore l'entretien du corps expéditionnaire envoyé à Rome, ainsi que les 20 millions qui représenteront très probablement la différence entre le produit réel des contributions indirectes et les évaluations du budget, et l'excédant des dépenses que l'exercice 1849 doit laisser à la charge de la dette flottante ne s'élèvera pas à moins de 265 à 270 millions.

En tenant compte de tous ces élémens de calcul négligés, on ne sait pourquoi, par M. le ministre des finances, on est conduit à surcharger un tableau déjà bien assez sombre. Les découverts auxquels la dette flottante doit pourvoir atteindront, au 1er janvier 1850, la somme de 630 millions; c'est le chiffre de la dette flottante de la monarchie au 1er janvier 1848, si l'on en distrait les fonds des caisses d'épargne livrés à cette consolidation nominale qui n'a pas soustrait le trésor aux demandes de remboursement. Nous fermons ainsi le cycle révolutionnaire au point même auquel nous l'avons ouvert, et une première liquidation nous conduit à une seconde. Il faut remonter à l'invasion de la France en 1815 pour trouver nos finances dans une situation aussi critique : les barbares du dedans ne nous ont pas fait moins de mal que les barbares du dehors.

Voilà donc l'état des choses au vrai, dès le début de l'exercice dont l'assemblée nationale est appelée à régler les conditions. Cet exercice, en supposant un budget de 1,591 millions, présenterait, suivant M. le ministre des finances, une insuffisance de 320 millions, qui sera portée infailliblement à 350 par les crédits supplémentaires. Un déficit de 350 millions, venant s'ajouter au découvert des exercices antérieurs, formerait ainsi la somme menaçante de 980 millions. C'est une avalanche d'un milliard dont nous avons à détourner ou tout au moins à amortir la chute.

Je comprends qu'une perspective aussi désolante arrache des lamentations au trésor. En présence de telles difficultés, et quand il mesure la somme des sacrifices que chacun devra s'imposer pour le salut de tous, un ministre peut douter par momens du pays et de lui-même; mais ces angoisses de l'esprit ne sont excusables qu'à la condition d'en être les épreuves et de préparer une résolution mâle et féconde. Les peuples n'ont pas plus à s'applaudir des faiblesses que des témérités de l'homme d'état. Même dans les conversations intimes, il ne lui est pas permis de donner le signal du sauve qui peut. Deux années de souffrance et de jachère industrielle n'ont pas épuisé entièrement les richesses de la France ni son courage. Élevons ce courage à la hauteur du péril; donnons l'exemple du dévouement, et croyons à la contagion de cet exemple.

Est-il possible de réduire les dépenses proposées pour l'année 1850? Avons-nous quelque moyen d'accroître les recettes qui sont prévues? Enfin, quelles ressources doit offrir le crédit, tant pour combler le vide de l'arriéré que pour aligner avec les dépenses de l'exercice prochain les revenus de l'état durant cette période? Tels sont les points principaux que je me propose d'examiner.

I. — DÉPENSES.

En matière de finances, la pensée qui semble la plus naturelle et qui se présente d'abord est celle qui conseille de constater ce qu'un état a de revenu, et de prendre ce revenu pour règle des dépenses. La logique le veut ainsi, j'en conviens; elle demande que le budget des recettes précède celui des dépenses, et que l'on fasse à la fortune publique l'application des principes qui doivent présider à l'administration des fortunes privées.

Mais ces principes, en réalité, ne sont observés aujourd'hui que par le petit nombre. Nous vivons dans un siècle de prodigalité, où la dépense devient en quelque sorte la cause du revenu, loin que le revenu soit la source et la raison de la dépense. Qui mesure le train de sa maison à ce qu'il possède, ou l'étendue de ses entreprises à celle de son crédit? Les individus, les communes, les départemens, tout le monde emprunte à l'envi, sans compter plus avec l'avenir qu'avec le présent. Chacun de nous a toujours les meilleurs motifs pour manger son blé en herbe. La propriété foncière se trouve grevée d'hypothèques pour un tiers ou pour moitié de sa valeur, suivant l'estimation la plus modérée. Les communes et les départemens ont abusé de l'impôt et de l'emprunt et reviennent encore à la charge, tantôt pour se couvrir d'édifices dont la magnificence est onéreuse autant qu'inutile, tantôt pour multiplier des routes que l'on entretient mal ensuite faute d'argent. Quelle agrégation, quel établissement, quel particulier n'est pas obéré en France? La région de l'équilibre se rétrécit de jour en jour. La région de l'épargne est encore plus étroite: elle se borne à la classe des domestiques et des petits trafiquans, qui capitalisent leurs privations, pendant que les ouvriers dissipent leur salaire et que les capitalistes dévorent souvent le capital avec le produit.

Les gouvernemens de notre temps sont comme les individus : ils sont prodigues; mais, indépendamment de cette tendance générale, on peut expliquer par des raisons politiques la prédominance qu'obtient le point de vue de la dépense dans le budget de l'état. Les dépenses du gouvernement sont ou doivent être la cause déterminante de l'impôt; il faut y chercher l'origine du revenu public, qui n'est autre chose que la portion prélevée par le trésor sur les revenus des contribuables. L'état, représentant la communauté nationale, ne fait que ce que les particuliers, les associations privées et les agrégations locales ne peuvent pas faire. Il s'occupe des intérêts et pourvoit aux nécessités qu'aucun autre que lui ne peut embrasser; mais il se garde bien d'entreprendre et d'empiéter sur l'activité industrielle, et sa richesse ne se forme que de la richesse de tous.

Ainsi, l'état ne demande à l'impôt, il ne retire des mains des contribuables, il n'enlève à ce fonds, que mettent en œuvre les agriculteurs, les commerçans et les industriels, que les sommes qui lui sont indispensables. Il mesure les taxes aux besoins de l'administration. Il agit d'après ce principe que les capitaux qu'il laisse dans les mains des particuliers y fructifient beaucoup mieux qu'ils ne feraient dans les siennes. Comme tout impôt établi trouve sa raison d'être dans les dépenses antérieures, régler les dépenses du gouvernement sur les revenus qu'il trouve existans, ce serait proportionner en réalité ses besoins à ceux d'un gouvernement antérieur. On ferait sortir ainsi violemment, et contre le bon sens, d'égales nécessités de circonstances souvent très différentes.

Il y a sans doute une limite devant laquelle on doit s'arrêter. Les facultés contributives d'une nation ne sont pas ductiles à l'infini. En outre, la forme d'un gouvernement étant donnée, ainsi que le degré de la civilisation au sein de laquelle il se meut, une certaine somme de dépenses devient inévitable pour fournir aux frais de la police sociale : d'où il suit que les dépenses ont une sorte de niveau naturel, de même que les recettes ont leur limite, qui se prend dans la situation même du pays. Nous courons avec raison après l'équilibre du budget; mais je sais un équilibre plus nécessaire encore et auquel on songe trop peu, c'est celui que tout bon gouvernement doit établir entre les exigences du trésor et les ressources disponibles des contribuables.

Indépendamment de ce point de vue général, les dépenses aujourd'hui excèdent tellement les revenus ordinaires, que tout examen de la situation financière doit s'attacher d'abord aux besoins réels de l'état. Le dernier budget de la monarchie, celui de 1847, dont les résultats définitifs sont placés en ce moment sous les yeux de l'assemblée nationale, porte l'ensemble des dépenses à 1,605 millions, sur lesquels la part du service ordinaire est de 1,427 millions et celle du service extraordinaire de 173 millions. Les dépenses du premier budget de la république, celui de 1848, se sont élevées à 1,770 millions, non compris l'opération relative au rachat du chemin de Lyon : — 1,609 millions pour le service ordinaire, et pour le service extraordinaire 160 millions. La loi du 19 mai évalue les dépenses de l'année 1849 à 1,572 millions, sur lesquels 119 millions représentent le chiffre des travaux extraordinaires; mais les dépenses réelles, grossies par les crédits supplémentaires dont l'assemblée se trouve déjà saisie, atteindront probablement le chiffre de 1,655 à 1,660 millions.

Le budget de 1849, confondant toutes les dépenses dans un seul ensemble, effaçait la ligne de démarcation qui avait été tracée par les ministres de la monarchie entre le service ordinaire et le service extraordinaire; M. le ministre des finances la rétablit. Cette distinction est rationnelle, mais à une condition que le gouvernement monarchique n'avait pas observée : pourvu que les deux natures de dépenses ne soient pas défrayées par le même fonds, et que, si le service ordinaire trouve dans le produit de l'impôt des ressources suffisantes, le service extraordinaire s'adresse au crédit. Nous verrons plus bas si M. le ministre des finances a observé ce principe. Notons d'abord que les dépenses de 1850, divisées en service ordinaire et en service extraordinaire, présenteraient, sur un total de 1,591 millions, 1,488 millions pour le premier, et 103 millions pour le second. Afin de réduire les dépenses ordinaires, M. Passy propose d'annuler les rentes rachetées, jusqu'à concurrence de 79 millions; le budget de 1850, non compris la liste civile des travaux publics, se trouverait donc ramené à la somme de 1,408 millions, qui se distribue de la manière suivante :

Dette publique.	402,678,642 fr.
Dotations.	9,048,000
Services généraux des ministères.	763,938,365
Frais de régie et de perception.	150,999,422
Remboursemens et restitutions.	82,111,955
Total.	1,408,776,384 fr.
Travaux extraordinaires.	103,184,000
Total général.	1,511,960,384 fr.

En admettant pour 34 millions les crédits supplémentaires que ce budget n'a pas prévus, on voit que les dépenses peuvent s'élever, en 1850, à 1,546 millions, dont 103 au moins imputables sur les ressources du crédit. Ces charges sont lourdes; mais, avant de rechercher les moyens de les réduire, et afin de n'en pas exagérer le fardeau, il peut être à propos de discuter la valeur de quelques rapprochemens que l'on a coutume d'établir.

On a comparé la France à l'Angleterre. On a voulu prouver, à grand renfort de chiffres, que l'Angleterre, en occupant le globe, dépensait, en frais de gouvernement et d'administration, infiniment moins que la France, qui n'a que son territoire et l'Algérie à garder. Ce point de vue résulte d'un examen superficiel et incomplet. Le budget que l'on soumet chaque année au pouvoir législatif en France est le produit et l'image de cette centralisation qui embrasse tous les intérêts. Les dépenses spéciales des communes, celles des départemens et celles des colonies y figurent à côté des dépenses générales de l'état. Dans la Grande-Bretagne, au contraire, les agrégations locales s'administrent par leurs propres mains, et ne font pas rentrer, même pour ordre, leur budget particulier dans le budget des dépenses publiques. Les finances des deux pays reflètent très fidèlement la différence qui existe entre les mœurs politiques de la France et de l'Angleterre. De l'autre côté de la

Manche, les associations particulières et les administrations locales prennent à leur compte des dépenses qu'il entre dans nos habitudes de laisser à la charge et de comprendre parmi les attributions du gouvernement. A proprement parler, il n'existe pas d'administration publique en Angleterre. Le ministère de l'intérieur n'a que la surveillance et le contrôle de ce qui se passe dans les trois royaumes. L'instruction publique est dans les mains du clergé, ainsi que des sectes dissidentes; le clergé de l'église établie vit sur les produits de la dîme. L'état n'entreprend que par exception les grands travaux d'utilité nationale; il n'exécute, n'entretient et ne développe ni les routes, ni les canaux, ni les chemins de fer. La justice même se localise en Angleterre, ainsi que la police qui veille à la sûreté des propriétés et des personnes. Enfin, ce n'est pas l'échiquier, c'est une banque qui fait le service de trésorerie et celui de la dette publique. Le budget réel de la Grande-Bretagne est une sorte d'édifice féodal, aussi bien que la constitution des trois royaumes; il faut, pour composer l'ensemble des dépenses, en recueillir un peu partout, et jusque dans la péninsule de l'Inde, les élémens épars.

Le budget que nous propose le gouvernement pour 1850, si l'on en retranche la dotation de l'amortissement et les rentes rachetées, articles qui ne figurent pas dans les dépenses de l'Angleterre, descend de 1,591 millions à 1,446. Dans ces 1,446 millions se trouvent comprises les dépenses départementales et les dépenses communales pour une somme de 156 millions de francs; mais il reste, pour compléter l'ensemble des dépenses de toute nature, à y ajouter environ 80 millions qui représentent la part des dépenses communales qui est défrayée par le produit des octrois. Les dépenses de 1850, celles du moins au regard desquelles on peut placer les dépenses de la Grande-Bretagne et de ses colonies, s'élèvent donc, en somme ronde, à 1,525 millions.

Prenons maintenant les dépenses de l'année 1848 en Angleterre. Elles figurent dans le budget général de l'état, les frais de perception et l'impôt étant compris, pour la somme de 58,990,734 livres sterling, qui représente, au change de 25 francs 25 centimes, 1,489,615,781 fr. Il faut ajouter à ces dépenses générales les dépenses locales, qui atteignent annuellement, suivant un document officiel (1), le chiffre de 15 millions sterling, et, sans parler des autres colonies, les dépenses de l'Inde qui approchent de 18 millions sterling. Enfin, la dîme levée par le clergé sur les fruits de la terre au profit de l'église anglicane, ainsi que les frais de l'établissement presbytérien en Écosse, sans compter les contributions volontaires à l'aide desquelles se soutiennent en Angleterre les sectes dissidentes et l'église catholique en Irlande, ne

____

(1) *Local Taxes of the United Kingdom.*

représentent pas moins de 5 à 6 millions sterling par année. Le budget annuel de cette puissance colossale, dépenses générales et dépenses locales, offre de cette manière un ensemble qui approche de cent millions sterling ou de 2 milliards et demi de francs, soit environ un milliard au-delà de ce que les services analogues coûtent à la France.

Il est possible que, grace à d'aussi énormes sacrifices, l'administration britannique obtienne des résultats inconnus ailleurs. On comprend, par exemple, la beauté des routes dans le royaume-uni, quand on voit l'Angleterre consacrer à l'entretien de ces voies de communication, à surface égale, le double à peu près de ce que la France consacre aux siennes. En général, ce n'est pas par l'économie que se signale le système anglais. Abordons les détails pour tirer de cette comparaison quelques enseignemens utiles.

L'intérêt de la dette en Angleterre est la principale dépense de l'état : il s'élève, en y comprenant la dette flottante, à 28,563,517 liv. sterl. (environ 721 millions de fr.). L'intérêt de la dette flottante et celui de la dette fondée en France, en déduisant la dotation de l'amortissement et les pensions, est porté, au budget de 1850, pour la somme de 281,090,476 fr. Cependant la différence qui existe entre les deux budgets, en ce qui touche les charges annuelles de la dette, est loin de représenter celle qui résulte du capital nominal. Si les Anglais avaient à payer, comme nous, un intérêt annuel de 4 à 5 pour 100 sur le capital nominal de la dette publique, leurs finances seraient bientôt dans un état voisin du désespoir et de la banqueroute. Supposez, au contraire, que la France, grace au rétablissement de l'ordre et à l'activité des transactions, puisse ramener l'intérêt de sa dette à un taux plus raisonnable; et le seul fait de la conversion du 5 en 4 pour 100 donnera une économie de 36 millions. De ce côté, nos finances ont donc un avenir dont la portée est dès à présent manifeste.

Le chapitre des pensions semble le moins chargé dans le budget de la Grande-Bretagne. Les pensions ou indemnités civiles y figurent à peine pour un total de 14 millions de francs. On a comparé cette dépense au chiffre brut des pensions en France, qui est, déduction faite des rentes viagères, de 56 millions et demi, et l'on s'est extasié sur l'économie de l'administration britannique. C'est là une induction très peu réfléchie et qui procède d'un examen un peu superficiel. En effet, les pensions civiles, indemnités et subventions aux caisses de retraite ne s'élèvent, chez nous, qu'à 17 millions. Dans le chiffre global de 56 millions sont comprises pour 39 millions les pensions militaires, qui ont aussi leur chapitre dans les dépenses de l'Angleterre, et qui, proportionnellement aux forces numériques des deux armées aussi bien que d'une manière absolue, sont plus onéreuses en Angleterre qu'en France.

La royauté unie au parlement ne coûte pas beaucoup plus cher d'un côté du détroit que l'établissement républicain de l'autre. Le compte annuel de la monarchie parlementaire s'élève à un peu plus de 19 millions de francs (759,462 liv. sterl.), tandis que la liste civile de la république française, assemblée nationale et pouvoir exécutif, impose au trésor un sacrifice de 9 à 10 millions, sacrifice qui, avec le temps, doit s'accroître.

L'administration centrale, sans être tout, comme on l'a prétendu, dans un pays voué par tradition et par caractère à la centralisation, a cependant une grande importance. Les dépenses qu'elle entraîne en France doivent naturellement se compter par millions. Le gouvernement monarchique les avait augmentées sans mesure; le gouvernement républicain, depuis février 1848, a peut-être exagéré les réductions et affaibli quelques services. Quoi qu'il en soit, les administrations centrales sont portées au budget de 1850 pour la somme de 13,197,944 francs (1), ce qui représente une diminution de 2 millions environ sur les crédits de 1847. En y ajoutant les dépenses de la cour des comptes, du conseil d'état, des monnaies et médailles, etc., on obtient un total de 15,555,344 fr. Quinze millions et demi, voilà ce que coûtent les rênes du gouvernement en France.

Il est difficile de se rendre compte des frais de l'administration centrale en Angleterre, de ce que l'on pourrait appeler, en empruntant le style commercial de ce peuple, les frais généraux du gouvernement. La Grande-Bretagne, par le seul fait de l'immense développement qu'y prennent les intérêts politiques, tend de plus en plus à rassembler et à grouper en faisceaux les rayons épars de son administration; mais comme la centralisation n'y est pas systématique ni naturelle, les essais que l'on en fait sans ordre comme sans choix, sous la pression des besoins qui viennent à se révéler, ne s'enchaînent pas, ne sont pas liés par la dépendance étroite de la hiérarchie, coûtent fort cher et laissent voir un grand déploiement de forces perdues. En général, lorsque l'état veut ressaisir ou exercer une juridiction sur des intérêts dont il n'avait pas la

(1) ADMINISTRATIONS CENTRALES.	1850	1847
Justice................................	478,500 fr.	574,500 fr.
Affaires étrangères.................	564,400	707,122
Instruction publique................	477,250	565,500
Cultes...............................	232,390	241,999
Intérieur............................	1,168,000	1,278,000
Agriculture et commerce............	688,150	714,450
Travaux publics.....................	608,654	641,500
Guerre..............................	2,267,300	2,570,470
Marine et colonies..................	878,300	1,120,074
Finances............................	5,835,100	6,630,623
TOTAL...............	13,197,944 fr.	15,044,238 fr.

tutelle, au lieu de les rattacher à un des ministères dont la réunion forme le cabinet, il en confie la surveillance à des commissions qui sont autant de petits centres et d'annexes du pouvoir ministériel. Ce système multiplie les états-majors, et doit contribuer par conséquent à l'exagération des dépenses. En y regardant de près, en construisant, au moyen d'une sorte d'enquête, le budget de l'administration centrale en Angleterre, on reconnaîtrait qu'il excède 29 millions de francs (1), sans même comprendre dans le total les grandes administrations financières, les dépendances essentielles de la trésorerie, telles que les douanes, les contributions indirectes ou *excise*, le timbre, les taxes assises, et la taxe du revenu.

En résumé, l'administration centrale coûte deux fois plus en Angleterre qu'en France. Il y a aujourd'hui entre les dépenses des deux pays une différence qui est loin de se proportionner à l'échelle des salaires, à l'étendue respective des territoires, et même à la population. Cette différence paraît encore plus sensible dans les détails. Ainsi l'administration centrale des affaires étrangères coûte 564,400 francs chez nous, et, en Angleterre, 1.824,161. Les bureaux de l'intérieur, de l'instruction publique, de l'agriculture et du commerce réunis, entraînent une dépense de 2,333,400 francs de ce côté du détroit, tandis que, de l'autre, les bureaux de l'intérieur, du commerce, de l'éducation, de l'état civil (*registrar general*), de l'administration des pauvres, les commissions diverses et inspections, sans compter les frais d'impression, exigent une somme annuelle de 6,251,235 fr.

Dans l'intervalle qui s'est écoulé de 1845 à 1835, le gouvernement britannique avait opéré des économies importantes. Le personnel ad-

(1) En voici quelques exemples :

Trésorerie	56,916 liv. sterl.	1,437,129 fr.
Ministère de l'intérieur	16,295	411,448
Ministère des affaires étrangères	72,244	1,824,161
Ministère des colonies	28,949	730,962
Bureau de commerce et conseil privé	41,661	1,051,940
Bureau des comptes (*audit*)	53,166	1,342,441
Échiquier et bureau de la dette	28,807	727,376
Monnaie	28,884	729,321
Bureau des travaux publics (Irlande)	35,224	889,350
Bureau du payeur général	27,222	687,355
Bureau de l'état civil	40,118	1,012,979
Bureau des chemins de fer	11,200	282,800
Impressions et fournitures de bureau	215,010	5,429,002
Commission et administration centrales des pauvres	57,000	1,439,250
Commissions et inspections	92,500	2,335,625
Bureau de la guerre	134,090	3,385,772
Bureau de l'artillerie	91,136	2,301,184
Bureau de l'amirauté	136,303	3,441,650

ministratif avait été diminué de 3,787 employés, et la dépense réduite
de 976,822 livres sterling (24,664,755 francs). Depuis cette époque,
l'accroissement du personnel et des dépenses a repris son cours, et l'on
vient d'opérer à la hâte quelques réductions pour donner satisfaction
à l'opinion publique. En règle générale, nous multiplions infiniment
trop les employés et les écritures; nous dépensons beaucoup en rému-
nérant pauvrement les personnes et les services. Les Anglais exagèrent
le principe contraire : leur machine administrative est simple et fonc-
tionne au moyen d'un petit nombre de rouages; mais l'état fait à ceux
qui le servent des traitemens princiers. Des secrétaires-généraux re-
çoivent 2,500 livres sterling par année, des premiers commis 1,000 à
1,500 livres sterling; 100 livres sterling est le moindre traitement d'un
expéditionnaire. On va certainement au-delà de la prime qu'il est raisonnable et légitime d'offrir pour attirer dans la carrière des fonctions
publiques les plus éminentes capacités. L'économie et la bonne administration se placent entre les deux systèmes (1).

Le budget de 1850 évalue à 151 millions de francs les frais de perception, de régie et d'exploitation pour un revenu de 1,415 millions, ce
qui représente la proportion de 10 et demi pour 100. En 1848, les frais
de perception se sont élevés, pour le royaume-uni, à 110,640,854 fr.
(4,381,816 liv. st.), sur une recette de 1,450 millions (57,416,510 liv. st.),
non compris l'argent de la Chine; la proportion est ici d'environ 7 et
demi pour 100. Je sais que les mœurs, la concentration de la richesse
et cette position insulaire qui élève une barrière naturelle contre la
fraude en matière d'impôt, expliquent suffisamment l'avantage de
l'Angleterre. La surveillance préventive, dans les impôts indirects, est
obligée de se multiplier chez nous avec le morcellement de l'industrie
et des fortunes. Dans les douanes, la garde des frontières de terre exige
un personnel deux fois plus nombreux et une dépense deux fois plus
considérable que celle des frontières de mer; enfin, le monopole des
tabacs et celui des postes chargent, pour ces deux seuls articles, de 65
millions les frais de perception ou de régie, qui sont de 151 millions.
Retranchez des dépenses de perception les frais de ces deux mono-
poles et leur produit des recettes générales, et vous trouverez que la
récolte du revenu public coûte un peu moins de 7 pour 100 en France.

Nous pouvons cependant faire encore de notables économies. En ré-
duisant le nombre des percepteurs, on augmentera aisément le produit net des contributions directes. En remplaçant par des droits
modérés les prohibitions qui déshonorent notre tarif et qui le frappent
de stérilité, on rendrait les douanes productives. Les résultats de cet

(1) La douane française présente un personnel de 25,000 employés; il n'y en a pas
autant dans toutes les branches réunies de l'administration générale en Angleterre.

impôt sont évalués à 144 millions dans le budget de 1850. Il a rendu à l'Angleterre, en 1848, près de 570 millions. Faut-il s'étonner si les frais de perception, en matière de douanes, qui représentent dans la Grande-Bretagne 6 pour 100 à peine de la recette brute, donnent en France la proportion exorbitante de 15 pour 100?

La dépense des services administratifs, civils et militaires, abstraction faite des travaux extraordinaires, est portée, au budget de 1850, pour 764 millions de francs. On a rapproché du chiffre de cette dépense celle que mentionne le budget anglais pour des services analogues, et qui s'élève à un peu plus de 26 millions sterling (657,393,824 francs). C'est là une comparaison vaine, car il faudrait, pour la rendre complète, y joindre le chiffre des dépenses locales et les dépenses de l'Inde, ainsi que nous l'avons déjà fait remarquer.

Prenons cependant les services qui peuvent être légitimement comparés entre eux. Les affaires étrangères coûtent à la France 7,125,700 fr. et 9,231,724 francs à l'Angleterre. Cette différence de 2 millions à la charge de la Grande-Bretagne ne paraîtra pas extraordinaire, si l'on réfléchit au développement des intérêts commerciaux que la puissance britannique doit protéger sur tous les points habités du globe. L'administration de la justice, chez nous, moyennant une dépense de 26 millions, descend depuis la cour régulatrice jusqu'à l'humble justice de paix, partout uniforme, égale, sûre et prompte. Dans le royaume-uni, malgré une dépense d'environ 30 millions (1,178,399 liv. st.), à laquelle on devrait ajouter celle des tribunaux inférieurs dans chaque localité; malgré l'impôt qui est levé sur le temps des contribuables pour l'application du jury aux causes civiles, la justice est lente, incertaine et à beaucoup d'égards féodale. Deux fois par an, les juges de Westminster vont, comme les *missi dominici* de Charlemagne, faire ce que l'on appelle le *circuit,* c'est-à-dire entendre les causes dans les comtés et prononcer. Les avocats de Londres s'y transportent avec les juges. La centralisation judiciaire est ainsi contrainte de voyager pour se placer à portée des justiciables.

L'armée française, en y comprenant les troupes qui occupent l'Algérie et la gendarmerie qui fait la police du territoire national, est portée au budget de 1850 pour un effectif de 387,000 hommes. La dépense, qui embrasse encore les travaux et les services civils de l'Algérie, ainsi qu'une subvention de 10 millions pour la colonisation agricole, doit s'élever à 327 millions de francs. Ajoutez les pensions militaires, et vous aurez un total de 366 millions. L'armée anglaise se compose, pour le service actif, de 138,000 hommes, dont 113,000 sont à la solde du gouvernement et 25,000 à la solde de la compagnie des Indes; d'une police armée, espèce de gendarmerie qui maintient l'ordre en Irlande, et qui présente un effectif d'au moins 10,000 hommes; enfin

d'environ 12,000 artilleurs : au total, 161 à 162,000 hommes, auxquels on doit ajouter les 25 à 30,000 hommes, qui formeraient au besoin une réserve exercée et redoutable, à prendre sur les 73,735 hommes inscrits sur les cadres de non-activité, soit avec une demi-solde, soit avec une pension de retraite. Enfin, il faut compter pour quelque chose les 250,000 cipayes qui composent les régimens indigènes au service de la compagnie des Indes.

La dépense de cet état militaire est considérable; elle s'élève à 487,515,056 francs (1), dont 200 millions sont supportés par la compagnie des Indes et 287 millions par le gouvernement britannique. L'établissement militaire qui pourvoit, en temps de paix, à la défense du royaume-uni et de ses colonies autres que l'Inde, comprend donc dans le service actif cent trente-cinq mille hommes, que le cadre de non-activité donnerait le moyen de porter à cent soixante mille, et il a coûté en 1848, distraction faite de l'expédition envoyée contre les Caffres, une somme de 10,275,260 livres sterling (259,435,140 fr.). Calculées sur le pied de l'armée anglaise, les dépenses de la nôtre devraient s'élever à 700 millions de francs.

L'organisation militaire de la Grande-Bretagne n'est donc point un modèle d'économie; mais, si elle prodigue l'argent, elle épargne les hommes. Les maladies et la mortalité font moins de ravages dans cette armée que dans la nôtre, parce que les soldats, étant moins jeunes et plus forts, résistent mieux aux changemens de climat et aux fatigues. Il y a par conséquent, à nombre égal, moins d'incomplets dans l'effectif. En outre, mille soldats exercés et à l'âge de la force valent deux mille recrues sur le champ de bataille. Je crois donc que, si nous avions un certain nombre de régimens dans lesquels une haute paie attirerait les vieux soldats et ferait de l'état militaire, ce qu'il n'est pas chez nous, une carrière, nous pourrions raisonnablement réduire, dans leurs rangs, l'effectif des chevaux ainsi que des hommes, et opérer ainsi une économie notable dans les dépenses de l'armée, tant sur le pied de guerre que sur le pied de paix.

L'armée navale est la force de l'Angleterre. Le gouvernement britannique consacre à l'entretien de sa marine militaire des sommes

(1) Savoir :

	1848	
Armée active.	4,317,624 liv. sterl.	109,020,006 fr.
Cadre de non-activité.	2,329,661	58,823,941
Artillerie (cadre d'activité)	2,910,201	73,482,575
—— (cadre de non-activité).	165,923	4,249,555
Forces de police (Irlande)	551,850	13,934,212
Guerre des Caffres	1,100,000	27,775,000
Armée de l'Inde	7,932,268 (1840)	200,289,767
Total	19,307,527 liv. sterl.	487,515,056 fr.

considérables. Le cadre d'activité et le cadre de non-activité lui ont coûté, en 1848, plus de 200 millions de francs; le budget du service actif est de 165,508,826 fr. (6,554,805 liv. sterl.). Cette dépense donne le moyen de tenir à la mer 233 bâtimens, montés par 44,685 hommes, dans le nombre desquels figurent 16 vaisseaux de ligne, 35 frégates à voiles, 13 frégates et 21 sloops à vapeur. En outre, les ports maritimes de la Grande-Bretagne présentent 28 vaisseaux de ligne et 33 frégates *en ordinaire,* c'est-à-dire en commission de port, que la richesse et la bonne tenue des arsenaux permettent d'armer et d'expédier en quelques semaines. Les bâtimens de guerre à vapeur compris dans la flotte active ont une force totale de 22,000 chevaux. Ceux qui sont déjà prêts ou qui seraient prêts en quelques heures à prendre la mer ont une force de 12,000 chevaux. L'Angleterre est loin, sans doute, de l'époque où elle couvrait l'océan de 177 vaisseaux de ligne et de 146,000 matelots, au prix d'une dépense qui excédait 474 millions de francs (1); mais une puissance maritime qui a pour elle la qualité et la quantité des équipages, qui tient en mer 54 vaisseaux de ligne ou frégates et la plus formidable flotte à vapeur du monde, qui peut aisément doubler ces forces au premier signal, conserve le rang que lui ont valu des succès non interrompus pendant plus d'un demi-siècle.

L'effectif de notre flotte ne semble guère inférieur par le nombre des bâtimens à celui de la flotte anglaise, car il comprend 207 navires de toute grandeur; mais dans ce nombre ne figurent que 145 bâtimens armés, dont 8 vaisseaux de ligne seulement et 9 frégates, montés par 24,016 hommes. L'inégalité est peut-être moins grande dans l'escadre à vapeur, qui se compose de 54 bâtimens, dont 9 frégates, présentant une force de 11,030 chevaux. Nous avons en outre 62 bâtimens en commission de port, dont 16 vaisseaux de ligne, 11 frégates et 31 bâtimens à vapeur, qui présentent une force de 9,010 chevaux. La marine militaire doit nous coûter 92 millions en 1850, non compris les travaux extraordinaires.

Si l'on mesure les dépenses au nombre des hommes embarqués, on trouvera que la flotte anglaise coûte relativement un peu plus cher que la nôtre. Toutefois, en considérant que la solde est beaucoup plus élevée en Angleterre, on reconnaît que les sommes consacrées annuellement par la France à sa marine auraient dû et devraient produire de plus grands résultats. Il y a là un vice d'administration, sur lequel est appelée en ce moment l'attention de l'assemblée nationale. Une meilleure organisation doit amener la réduction des dépenses, ou, avec la même dépense, l'accroissement de l'effectif en hommes, en bâtimens armés, et en constructions.

(1) En 1814.

Pour compléter à grands traits cette comparaison entre les dépenses de la France et celles de l'Angleterre, il faudrait porter en ligne de compte le budget des routes ainsi que des chemins vicinaux, et celui de la bienfaisance publique.

En France, la dépense d'entretien pour les routes tant nationales que départementales, et pour les chemins vicinaux, n'est guère inférieure à 60 millions de francs (1). En Angleterre, la taxe des grands chemins (*highway rate*) et les sommes dépensées sur les routes à barrière (*turnpike's trust's expenditure*), en 1840, pour l'Angleterre et le pays de Galles seulement, s'élevaient à 2,829,045 livres sterling, plus de 71 millions de francs (2). Seize millions d'hommes, de l'autre côté de la Manche, consacraient annuellement à l'entretien de leurs routes 71 millions, pendant qu'une dépense de 60 millions à peine était appliquée de ce côté aux routes parcourues par 36 millions d'hommes. Y a-t-il lieu de s'étonner, après l'inspection de ces chiffres, de la magnificence de la viabilité en Angleterre et de l'état de dégradation, ainsi que de misère, dans lequel, malgré des améliorations incontestables, on la retient encore chez nous?

La bienfaisance publique a un budget assez médiocre en France. Le total est de 73,220,718 francs, sur lesquels les hôpitaux et les hospices absorbent 53 millions et demi, et les bureaux de bienfaisance 13 millions et demi, sans compter le produit des dons volontaires. Dans la Grande-Bretagne, les sommes consacrées officiellement et par voie de taxe au soulagement des pauvres ont été, pour l'Angleterre proprement dite, en 1845, de 5,039,703 liv. sterl., pour l'Écosse, en 1847, de 544,334 liv. sterl., et, pour l'Irlande, de 1,823,036 liv. sterl. en 1848, total : 7,407,073 liv. sterl., environ 187 millions de francs, à quoi l'on peut ajouter la subvention de 297,189 liv. sterl. (7,504,011 fr.) que fournit le gouvernement aux institutions charitables, et le revenu des établissemens charitables, qui est d'à peu près 20 millions de francs.

Le budget officiel de la bienfaisance publique s'élève donc à 215 millions de francs pour les trois royaumes. A quel prix? Au prix de la taxe des pauvres, qui devient, quoi qu'on fasse, un véritable supplément aux salaires, et qui démoralise peut-être autant qu'elle secourt. Je ne souhaite pas qu'on l'importe jamais en France; le droit à l'assistance ne peut figurer, avec quelque apparence de raison, que dans les lois d'un pays où les capitaux mobiliers ainsi que la propriété foncière demeurent le partage du très petit nombre et portent encore le stig-

---

(1) Routes nationales . . . . . .   31,500,000 fr.   ⎱ Sans compter les crédits de 7,500,000 fr.
      Routes départementales.   3,280,000 fr.   ⎰   pour lacunes de routes, et routes nou-
      Chemins vicinaux . . . . . .   22,174,000 fr.   velles en Corse.

(2). *Highway rate* (1842) . . . .   1,169,891 liv. sterl.
      Turnpike's trust (1840) . . . .   1,059,154 liv. sterl.

mate de la conquête. Avec la division du sol et des capitaux qui existe chez nous, la taxe des pauvres n'aurait pas de sens; elle deviendrait même une faute inexcusable, et conduirait très certainement les individus à l'inaction, le pays entier à la ruine. Cependant nous croyons que l'on peut doter plus efficacement les bureaux de bienfaisance; ils feraient certainement un bon emploi d'une subvention double et même triple de celle qui leur est attribuée par l'état et par les conseils locaux. C'est là une admirable institution, qui, par l'assistance donnée à propos, peut prévenir encore plus que secourir bien des misères.

Après avoir recherché les analogies comme les différences qui existent entre les dépenses publiques de la France et celles de l'Angleterre, il n'est pas sans intérêt d'examiner les modifications que ces dépenses ont subies depuis le commencement du siècle, et de rapprocher les évaluations de 1850 des budgets de l'empire, de la restauration et de la monarchie de juillet.

Commençons par l'empire. Les budgets de cette époque étaient bien sommaires, et les comptes de l'administration des finances ne prodiguaient pas les détails. Le corps législatif votait un budget en huit jours; le public ne s'attendait pas à recevoir, et le gouvernement ne croyait pas lui devoir des comptes. Pourtant c'était une époque d'ordre autant que de gloire. L'empereur, qui ne comprenait peut-être pas le mécanisme ni les ressources du crédit, n'en abusait pas du moins et il s'efforçait, malgré les nécessités de la guerre, d'établir avec une louable sévérité l'équilibre entre les dépenses et les recettes. Les revenus de l'état allaient croissant (1), et l'on s'était même trouvé en mesure de faire remise, en 1807, à la propriété foncière de dix centimes additionnels qui s'élevaient à 20 millions. Les dépenses de la guerre augmentaient seules, et les contributions militaires frappées sur les pays étrangers en défrayaient une partie. Il a fallu les désastres de 1812 et de 1813 pour déterminer, au moment où la France avait besoin de toutes ses ressources pour lutter contre l'invasion, la spoliation des communes, acte inique et qui ne reçut par bonheur qu'un commencement d'exécution.

Voici le budget des dépenses en 1810, que l'on peut considérer comme le budget normal de l'empire. L'empire embrassait alors cent huit départemens.

Dette publique et pensions	112,352,000 fr.
Liste civile et princes français	27,300,000
Grand juge (ministère de la justice)	22,500,000
A reporter	162,152,000 fr.

(1) « Les recettes se sont élevées pour 1808 à 772 millions; pour 1809 à 786 millions; elles doivent monter pour 1810 à 795 millions. » (Compte rendu des finances.)

Report.	162,152,000 fr.
Relations extérieures.	8,500,000
Intérieur (comprenant les ponts-et-chaussées).	57,125,000
Police générale.	1,500,000
Cultes (les pensions ecclésiastiques non comprises).	15,528,240
Finances (y compris les pensions de retraite).	26,000,000
Trésor impérial.	8,300,387
Frais de service.	9,907,147
Guerre.	239,902,014
Administration de la guerre.	151,459,441
Marine.	111,366,835
Fonds de réserve.	3,673,329
TOTAL.	795,414,393 fr.

Cette nomenclature des dépenses, telle que la donne le compte de 1810, n'est pas complète. Sous l'empire, on ne portait, comme en Angleterre, au budget des recettes que le produit net des impôts. Pour avoir le revenu brut de l'état ainsi que les dépenses réelles, il faudrait tenir compte des frais de perception, d'exploitation et de régie. Ces frais, en 1810, se sont élevés à 127,510,140 fr., lesquels, ajoutés aux autres dépenses, forment un total général de 922,924,500 fr.

Ce n'était pas tout encore. En dehors du budget ordinaire se développaient deux autres budgets parallèles, celui de la conquête et celui des travaux publics. « Il a été dépensé, dit le compte de 1810, en 1808, environ 100 millions pour l'entretien ordinaire des routes, pour la confection des routes neuves, pour la construction de nouveaux ponts et pour l'entretien des anciens, pour des desséchemens, pour la navigation, les canaux et la conduite des eaux de l'Ourcq à Paris, pour les travaux d'utilité et d'embellissement dans les départemens et dans la capitale, pour les places maritimes et pour les ports. Des travaux de la même nature ont consommé 110 millions en 1809, 138 millions en 1810, et ils consommeront *cent cinquante-cinq millions* en 1811. C'est en totalité une somme de plus de 500 millions consacrée en quatre années à des ouvrages d'utilité publique. » L'allocation portée au budget de l'intérieur pour le service des travaux publics en 1810 était de 37,500,000 francs. Il a donc fallu emprunter 100 millions aux ressources extraordinaires. Quel gouvernement que celui qui, ayant l'Europe sur les bras et tenant sous les armes plus d'un million d'hommes, trouvait encore le moyen d'exécuter de grands ouvrages, de créer la viabilité en France, de consacrer en 1811 à cette dépense une somme qui égale, ou peu s'en faut, celle que M. le ministre des finances réserve aux travaux publics en 1850, mais en demandant 103 millions au crédit !

Quant à la guerre, on y enrôlait les hommes et l'on y faisait contribuer l'argent des nations étrangères. La caisse des contributions militaires fournit 67 millions en 1806, 149 millions en 1807, 133 millions en 1808, et en 1809 elle solda toutes les dépenses que la guerre commandait sur la rive droite du Rhin. En 1810, la paix étant faite avec l'Allemagne, et nos forces militaires n'étant plus occupées que par la lutte engagée avec l'Espagne et avec l'Angleterre, l'armée n'avait plus coûté que 391 millions; le duc de Gaëte, dans un rapport adressé à l'empereur, qui figure en tête du compte de 1811, écrivait ces paroles remarquables : « Si la guerre d'Espagne restait seule à terminer, 370 à 400 millions suffiraient à l'entretien de l'armée, et déjà votre majesté pourrait augmenter l'extraordinaire de la marine, *en diminuant même les charges des peuples.* Dans le cas du rétablissement de la paix continentale, la dépense militaire devant se réduire à l'entretien du complet ordinaire de l'armée, 250 millions suffiraient à tous ces besoins, et votre majesté serait en état, en opérant une nouvelle réduction sur les contributions publiques, d'affecter à sa marine jusqu'à 300 millions. »

En décomposant les dépenses de 1810 pour les rapprocher de celles de 1850, on reconnaît que la principale différence porte sur les charges de la dette publique. L'empire était le premier gouvernement régulier de l'ère moderne; il inaugurait les destinées nouvelles de la France, et il n'avait pas de passé. Tous les rouages de l'administration étaient neufs et sortaient en quelque sorte de la forge. Il n'y avait pas d'arriéré à liquider, pas de vieux services à récompenser; l'administration était une armée active, qui ne comptait presque pas d'invalides et qui n'avait pas de cadre de réserve. Les pensions ecclésiastiques faisaient seules exception, mais elles représentaient l'indemnité offerte pour la spoliation des biens du clergé. En 1810, la dette publique, les pensions comprises, mettait à la charge de l'état une dépense de 112 millions; cette charge dépasse aujourd'hui 402 millions.

Les frais de perception, en 1810, représentaient 14 pour 100 des sommes perçues; en 1850, ils ne s'élèvent pas tout-à-fait à 11 pour 100. Il y a donc progrès sur ce point, et l'administration de l'impôt est aujourd'hui plus économique.

Les services généraux des ministères coûtaient, en 1810, 654 millions : ils présentent, en 1850, une dépense de 753 millions; mais les dépenses ne se distribuent pas dans la même proportion entre les divers services. En 1810, la guerre et la marine absorbent 502 millions, et il ne reste plus que 152 millions pour les services civils. En 1850, les crédits de la guerre et de la marine sont portés à 422 millions, et ceux des services civils à 326 millions. Je laisse de côté, dans ce rapprochement, les colonies que l'Angleterre nous avait enlevées en 1810, et qui ne figurent pas, par conséquent, dans les budgets de l'empire.

Le duc de Gaëte estimait à 250 millions la dépense de l'armée sur le pied de paix; mais la France n'avait pas alors l'Algérie à garder. Si l'on ajoute les frais de cette occupation à l'effectif normal, on touche de bien près aux 327 millions qui figurent au chapitre de l'armée dans le budget de 1850. N'oublions pas en outre que la valeur de l'argent, il y a quarante ans, était bien supérieure à ce qu'elle est aujourd'hui. On ferait à grand'peine, pour 300 millions en 1850, les efforts que l'on pouvait faire en 1810 au prix de 250 millions.

La population des 108 départemens administrés par le gouvernement impérial n'égalait pas celle des 86 départemens qui composent aujourd'hui la France. Cependant il faut considérer comme un tour de force, qui n'est possible qu'à l'origine des administrations et quand elles n'ont pas encore perdu la simplicité primitive de leurs formes, que l'empire ait pourvu, en dépensant 154 millions, à tous les besoins civils du gouvernement. Les dépenses de la justice et des cultes sont restées les mêmes à un million près (1). Il en est de même des relations extérieures, sur lesquelles l'année 1850 présentera un million au moins d'économie. Les dépenses de l'instruction publique, de l'agriculture et du commerce, qui s'élèvent aujourd'hui à 39 millions, ont suivi les développemens de la civilisation dans les arts de la paix; elles ne figuraient que pour mémoire dans les comptes de l'empire. Les ministères de l'intérieur et des travaux publics, qui exigent aujourd'hui une dépense d'environ 200 millions, réunis dans la main d'un seul ministre, ne coûtaient pas, la police comprise, plus de 60 millions en 1810.

Cette différence s'explique, pour 30 millions environ, par l'extension qui a été donnée aux travaux qui intéressent la viabilité des grandes artères des communications, et pour plus de 60 millions par les travaux d'une moindre importance que les départemens ont entrepris (2). Quant à l'administration proprement dite de l'intérieur, qui se trouve portée au budget de 1810 pour 16 millions, et pour 31 millions au budget de 1850, le compte des finances ne fournit pas les élémens d'une comparaison sérieuse.

Malgré le bon marché de son administration civile, le gouvernement impérial, qui avait élevé les dépenses de l'état à un chiffre inconnu avant lui, avait senti le besoin de justifier, aux yeux du public, des

(1) Savoir :	1810		1850
Grand-juge............	22,500,000 fr.	Justice................	26,554,245 fr.
Cultes................	15,528,240	Cultes.................	41,985,290
Pensions ecclésiastiques.	29,600,000	Pensions ecclésiastiques.	385,000
Total............	67,628,240 fr.	Total.............	68,924,535 fr.

(2) En 1810, les centimes additionnels à la contribution foncière produisaient 39,700,000 francs; en 1848, ils ont produit 126,317,658 francs.

budgets qui excédaient 900 millions. Il s'en tirait par les contrastes; il cherchait à démontrer, non qu'il dépensait peu, eu égard aux grandes choses qu'il était appelé à faire, mais que le gouvernement britannique, son émule en puissance et son principal adversaire, dépensait encore plus que lui. Le rapporteur du budget, M. F. de Beaumont, disait le 15 janvier 1810 : « Pendant les trois années 1807, 1808 et 1809, si l'on compare le budget des deux puissances, on trouvera que la dépense de l'Angleterre surpasse celle de la France de 1 milliard 304,421,000 francs; mais il faut remarquer que, dans le budget de l'Angleterre, le chapitre des dépenses ne présente que celles de la guerre et de la marine, avec les subsides accordés aux puissances, et qu'on n'y trouve ni les dépenses pour les autres ministères, ni les pensions, ni la liste civile, ni la taxe des pauvres, ni les intérêts de cette dette énorme qui s'accroît chaque année. Ces dépenses sont acquittées par la taxe sur les terres, la taxe sur le revenu, l'accise et les autres impôts permanens, qui ne figurent point dans le chapitre des recettes du budget annuel de l'Angleterre. » On comprendra mieux le mérite de ce rapprochement quand on saura qu'en 1809 seulement les forces de terre et de mer entretenues par la Grande-Bretagne lui coûtèrent plus de 48 millions sterling ou de 1,200 millions de francs. N'en tirons pas cependant des conclusions trop décisives. De 1801 à 1814, l'Angleterre a certainement dépensé deux ou trois fois plus que la France; mais elle a pu supporter cette prodigieuse dépense, grace aux progrès de sa richesse industrielle et commerciale, tandis que la France, en 1814, n'a pas pu résister à l'invasion étrangère, épuisée qu'elle était à la fois d'hommes et d'argent.

Venons à la restauration. Le budget qui résume peut-être avec la plus grande exactitude cette époque de transition est celui de l'année 1821. On avait liquidé alors la rançon de l'invasion; le gouvernement avait triomphé des agitations intérieures, et il était à la veille de s'engager dans la guerre d'Espagne. Son existence paraissait affermie; il allait donner cours à ses penchans naturels. Le budget de cette année est en quelque sorte un budget de principe. Voici en résumé les dépenses de 1821.

Dette consolidée	189,052,764 f.	
Amortissement	40,000,000	
Dette viagère	10,800,000	
Intérêts de la dette flottante	6,400,000	
—— des cautionnemens	10,000,000	
—— des bons à remettre aux étrangers	4,500,000	Dette publique. 324,667,489 f.
Pensions civiles	2,150,000	
—— militaires	50,000,000	
—— ecclésiastiques	10,150,000	
Supplément aux retenues	1,664,725	

A reporter . . . . 324,667,489 f.

Report.. 324,667,489 f.
Liste civile et famille royale............ 34,000,000 f. ⎫
Chambres des pairs et des députés ..... 2,800,000 ⎪ Dotations...... 40,434,000 f.
Légion-d'Honneur..................... 3,454,000 ⎬
Présidence du conseil................ 180,000 ⎭

Ministère de la justice.. 17,879,500 f.
——— des affaires étrangères.. 7,855,000

Service ordinaire. .... 10,426,800 f. ⎫
Dépenses départementales.............. 34,187,272 ⎪
Dépenses spéciales. .... 5,500,000 ⎪
Secours pour la grêle .... 1,886,007 ⎬ Intérieur...... 109,006,860 f.
Cultes................................ 23,450,000 ⎪
Travaux publics. .... 33,606,691 ⎭

Ministère de la guerre.. 174,736,600 f.
——— de la marine. 52,980,000

Service du ministère .... 6,240,000 f. ⎫
Frais de trésorerie................... 4,200,000 ⎪
Bonifications aux receveurs-généraux.... 3,400,000 ⎬ Finances....... 17,082,000 f.
Cour des comptes..................... 1,242,000 ⎪
Cadastre. .... 2,000,000 ⎭

Frais de régie et de perception.. 131,604,285 f.
Remboursemens. 5,270,000
Monnaies, etc.. 672,000

         TOTAL... 882,235,274 f.

Pour avoir le chiffre réel des frais de régie et de perception, il faut
y joindre encore ceux de la loterie, qui sont de 37 millions, et, pour
donner un tableau complet des dépenses départementales et communales imputables sur les centimes additionnels, il est nécessaire d'ajouter 25 millions qui ne sont pas portés au budget. On arrive ainsi à
un total général de 944,643,057 francs, qui est l'expression complète
et vraie des dépenses.

En jetant les yeux sur ce budget, il est facile de reconnaître que la
France avait renoncé à son rôle guerrier sans faire pour cela des progrès très sensibles dans le commerce et dans l'industrie. Le budget
militaire se réduit à des proportions misérables : 227 millions pour la
marine et l'armée réunies. Le budget des services civils reste, avec
quelques changemens dans la répartition des dépenses, au chiffre de
152 millions, qui est celui de 1810. Aucune impulsion n'est donnée
aux travaux de la viabilité, aux arts, aux sciences, ni à l'instruction
publique. En revanche, la dette publique, dépense d'honneur, mais
dépense improductive, si l'on regarde surtout à son origine, s'est démesurément accrue : de 112 millions, cette charge s'est aggravée jusqu'à 324 millions. L'administration des finances est la seule dans laquelle on ait introduit quelques améliorations et quelques économies.

Vers la fin de ce régime, les dépenses ordinaires avaient reçu un notable accroissement, et elles ne se répartissaient plus dans la même proportion entre les différens services. Le budget de 1829 avait été évalué à 980 millions. Les crédits de la guerre et de la marine s'augmentaient de 23 millions, et ceux de l'intérieur, les cultes et les travaux publics non compris, de 35 millions. A cette époque se prononçait déjà le penchant de l'opinion pour les ouvrages d'utilité générale; l'état améliorait les grandes routes, et les conseils-généraux votaient l'ouverture de voies nouvelles de communication. Le budget des ponts-et-chaussées montait de 33 millions à 42, et celui des dépenses départementales de 34 millions à 45. L'instruction primaire recevait de l'état une première allocation de 100,000 fr., et le clergé, au lieu de 23 millions, en obtenait 33.

De 1821 à 1829, l'accroissement des dépenses réelles peut être évalué à 80 millions environ; l'accroissement des revenus indirects excède 100 millions pendant la même période, d'où il suit que la marche des dépenses ordinaires a été mesurée au progrès de la fortune publique, et que, si l'état n'a pas fait beaucoup pour ajouter à la richesse du pays, il ne l'a pas non plus témérairement dissipée.

Les charges que la restauration a léguées à la France représentent à peu près tous les efforts obligatoires ou volontaires qu'elle a faits pour la liquidation matérielle ou morale du passé. Elle a grevé la dette publique d'un capital de 2,414,542,269 francs, dont 1 milliard environ a été consacré, soit à l'indemnité des émigrés, soit aux dépenses de la guerre d'Espagne. Ne soyons pas trop sévères cependant pour une époque de laquelle date la vie politique en France, et qui a préparé le développement de toutes nos libertés.

C'est la monarchie de juillet qui a déchaîné cette prodigieuse expansion des dépenses publiques à laquelle nous avons tant de peine aujourd'hui à faire face, c'est à elle en même temps que revient le mérite d'avoir donné l'essor aux progrès du revenu. Ce double résultat ne ressort pas au même degré de tous les exercices. Dans les premières années qui suivirent la révolution de 1830, l'accroissement des crédits n'avait guère qu'un seul objet : il s'agissait de mettre le pays sur un pied de défense respectable, et, quant au revenu de l'état, il augmentait dans la même mesure que la population; mais, à partir de 1838, et bien que ce mouvement ait été troublé par les émotions de 1840, l'état recueille ce qu'il a semé: le pays, enrichi par les travaux publics, entre dans une ère d'abondance et de prospérité qui, en augmentant la valeur de la propriété et du travail, féconde aussi dans une proportion inouie les sources des revenus indirects. De 1830 à 1837, l'accroissement n'est que de 6 millions par année; de 1837 à 1846, il est de 21 millions par année.

Le budget de 1837 présente à peu de chose près le nième chiffre de dépenses que celui de 1830. C'est à partir de l'année 1838 que l'équilibre se rompt, que les crédits montent plus vite encore que les revenus, et que l'extraordinaire a son budget spécial. Pour déterminer les côtés faibles de la politique financière adoptée par la monarchie de juillet, on n'a qu'à mettre en regard du budget de 1847, qui en est l'expression la plus exagérée, celui de 1837, qui en est l'expression la plus modeste.

DÉPENSES.

	1837	1847
Dette publique et dotations.................	347,585,763 fr.	399,421,628 fr.
Ministère de la justice et des cultes........	54,707,410	66,206,974
—— des affaires étrangères...........	7,222,131	10,120,039
—— de l'instruction publique.........	13,720,936	18,275,280
—— de l'intérieur...................	79,489,567	133,330,422
—— de l'agriculture et du commerce..	11,770,325	14,015,130
—— des travaux publics.............	45,810,499	69,474,765
—— de la guerre....................	230,582,531	349,310,957
—— de la marine...................	66,417,962	133,732,030
—— des finances....................	24,961,754	20,449,520
Frais de régie et de perception............	121,254,807	154,306,363
Remboursemens, restitutions, etc..........	51,874,674	83,584,556
Travaux extraordinaires..................	17,916,703	177,450,425
Paiement aux États-Unis.................	5,587,432	»
TOTAL GÉNÉRAL..............	1,078,902,494 fr.	1,629,678,089 fr.

A prendre les résultats en bloc, l'accroissement des dépenses est, après dix années, de 550 millions, ce qui représente plus de 50 pour 100. En déduisant des deux budgets les travaux extraordinaires et en retranchant du budget de 1837 les paiemens faits aux États-Unis, du budget de 1847 les dépenses des colonies admises pour ordre, on voit que la différence entre les budgets ordinaires des deux années est d'environ 380 millions ou de 36 pour 100. Entre les services généraux des ministères, qui sont la partie active des budgets, la différence réelle n'est plus que de 244 millions. Pour s'en rendre compte, il faut la décomposer chapitre par chapitre.

La dépense des administrations centrales était, en 1837, de 12 millions 763,702 francs, avec un ministère de moins, celui des travaux publics; elle s'est élevée, en 1847, à 15,044,238 francs, et l'on demande, pour 1850, 13,197,944 francs. Nous croyons que l'on peut opérer encore des réductions importantes sur le personnel de l'agriculture et du commerce, ainsi que sur celui de la guerre, dont les cadres semblent avoir été démesurément agrandis. L'administration du commerce, qui n'a que 14 millions à dépenser, coûte près de 700,000 francs, c'est-à-dire

80,000 francs de plus que les travaux publics, qui ont à dépenser près de 200 millions!

Le budget de la justice était de 19 millions en 1837, et de 27 millions en 1847. Cette différence considérable tient surtout à l'augmentation des traitemens dans les degrés inférieurs de la magistrature. Le budget de 1850 n'opère sur ce chapitre que d'insignifiantes économies. En étendant la compétence des juges de paix, l'on pourrait supprimer plusieurs tribunaux de première instance et diminuer dans plusieurs autres le nombre des juges, ainsi que le nombre des conseillers dans les cours d'appel.

Le budget des cultes s'est élevé, en dix ans, de 35 à 38 millions; les crédits de 1850 sont portés à 41 millions. Il en est de même du budget de l'instruction publique, qui, de 11 millions, chiffre de 1837, s'est élevé, en 1847, à 18 millions, et demandera 21 millions en 1850. Ce sont là les dépenses de l'ordre moral, dépenses qu'aucun bon citoyen ne proposera de réduire, pourvu que le clergé s'associe au progrès des lumières, et que la milice enseignante cesse d'être, ce que le gouvernement provisoire avait voulu qu'elle fût, un instrument de désordre dans la société française.

Le budget de 1850, en opérant une réduction de *trois millions* sur les dépenses des affaires étrangères, ramène les crédits au niveau qu'ils atteignaient en 1837.

L'augmentation de 3 millions que l'on remarque dans le budget de l'agriculture et du commerce, en 1847, s'explique principalement par un chapitre nouveau, celui des encouragemens à l'agriculture, pour 1 million environ, et par l'accroissement qu'a reçu l'enseignement industriel. L'institution d'un enseignement agricole, institution dont l'utilité paraît fort contestable, entraînera une nouvelle augmentation de 2 millions au budget de 1850.

Les travaux publics, dotés de 45 millions en 1837, en ont reçu 24 de plus en 1847. Ce chiffre de 69 millions est conservé dans le budget de 1850, mais il ne se compose pas des mêmes élémens. On a réduit la dépense d'entretien que réclament la navigation et les routes; par contre, on introduit une dépense de 5,840,000 francs, représentant, sous une forme approximative, les frais d'exploitation des chemins de fer qui restent encore entre les mains de l'état. Espérons que la renaissance des grandes associations permettra de décharger l'état d'une régie qui agrandit sans nécessité le cadre de ses attributions normales.

Les dépenses de l'intérieur proprement dit, qui n'étaient encore que de 57 millions en 1830, et de 79 millions en 1837, s'élevèrent en 1847 à 133 millions, et retombent à 125 millions en 1850. L'accroissement est principalement imputable au service spécial des départemens, qui, après avoir employé 41 millions en 1837, et 89 millions en 1847, paraît devoir absorber 94 millions en 1850. Le service général de l'intérieur n'a subi que des variations peu importantes. De 43 millions, chiffre de 1847, il va descendre, en 1850, à 31 millions : là différence est considérable, mais elle ne contient qu'une économie sérieuse, le retranchement de 1 million sur les dépenses secrètes; le reste tient à la suppression d'allocations temporaires, telles que les 5 millions accordés en 1847 en considération de la disette aux bureaux de bienfaisance, et les 8 millions consacrés à des travaux communaux. Il reste cependant à opérer l'économie des 3 millions qui sont portés au budget pour l'entretien de la garde nationale mobile. Que les jeunes gardes qui veulent servir leur pays dans la carrière des armes s'enrôlent dans les rangs de l'armée.

L'effectif de l'armée était, en 1829, de 255,323 hommes et de 46,863 chevaux, dont l'entretien coûtait 214 millions. En 1836, au prix d'une dépense de 227 millions, la France entretint une armée de 303,569 hommes, dont 25,000 sur le pied de guerre, et 56,760 chevaux. En 1847, le budget de la guerre est porté à 349 millions; en 1849, il s'élèvera probablement à 380 millions; le chiffre indiqué pour 1850 est de 327 millions, destinés à l'entretien de 387,000 hommes et de 87,000 chevaux.

Le budget de la marine pour 1850, si l'on en déduit la dépense des colonies, est de 92 millions; on revient, à 2 millions près, au chiffre de 1830.

Les dépenses de la guerre et de la marine en 1850 présentent un ensemble de 418 millions. Voilà le corps de bataille du budget. C'est la masse contre laquelle se ruent les économistes peu clairvoyans, ceux qui comptent pour rien les nécessités de l'ordre public et celles de la défense extérieure. Gardons-nous de donner dans ces rêves de paix, qui ne sont pas de notre siècle. La France est condamnée, par sa situation géographique et politique, même dans les temps de calme, à faire les frais d'un état militaire qui commande le respect. Toutes les fois que les gouvernemens ont laissé notre armée s'affaiblir, il a fallu bientôt, sous la pression des événemens, ajouter les dépenses aux dépenses pour combler à la hâte les vides que cette négligence avait ouverts. Il n'y a qu'un moyen de s'épargner ces efforts extraordinaires; c'est d'être toujours prêts et de conserver notre rang parmi les puissances militaires de l'Europe.

J'ajoute qu'à l'intérieur l'armée est le boulevard de l'ordre : le sentiment du devoir s'est réfugié aujourd'hui sous les drapeaux, comme l'honneur dans la première république. En diminuant la force de l'armée, on réduirait les chances de l'ordre, au moment où le parti qui attaque l'existence même de la société conspire avec un redoublement de perversité et de violence.

S'il y a des économies à faire dans l'administration de l'armée et de la marine, faisons-les. S'il est possible, par une meilleure entente de ces grands intérêts ou par une surveillance plus active, d'obtenir, pour une dépense moindre, les mêmes résultats, appliquons-nous sans désemparer à cette réforme. Améliorons, à la bonne heure; mais ne détruisons pas. L'œuvre de la démolition, après février, s'est bien assez prolongée et n'a été que trop radicale. Conservons précieusement, ne laissons pas entamer le faisceau de nos forces militaires. Je ne désespérerai pas de la société tant que nous aurons une armée nombreuse, disciplinée et dévouée au pays.

Le matériel et les approvisionnemens de la marine et de l'armée paraissent aux hommes spéciaux comporter de notables économies. Il y a des réductions à opérer sur les états-majors, dont le luxe est ruineux et rend peu de services. Après l'expérience que l'on vient de faire, aux dépens du trésor, de cette colonisation sans plan et sans colons sérieux que M. le général de Lamoricière avait inventée pour l'Algérie, je ne sais pas pourquoi l'on dissiperait encore dans ces ridicules avortemens les dix millions que je vois portés au budget de 1850, et qui ne sémeront, de l'autre côté de la Méditerranée, que socialisme et que misère. Il n'y a de colonisation possible en Algérie, au début de la culture, le maréchal Bugeaud l'a démontré pour tous les hommes de sens, comme il n'y a de travaux publics que par l'armée.

La dépense de notre effectif militaire pourrait cependant être réduite par deux combinaisons qui auront pour effet, en tout cas, d'en augmenter la solidité. La première consisterait à créer, dans les diverses armes, sur un plan analogue à celui des grenadiers Oudinot, des régimens dont chaque soldat aurait déjà servi sept ans dans l'armée de ligne et s'engagerait à rester encore treize ans sous les drapeaux. Chaque soldat aurait une haute paie, et, à l'expiration de son engagement, il jouirait d'une pension de retraite. Avec 36,000 hommes de cette vieille infanterie, 5,000 chasseurs de Vincennes, 5,000 hommes de cavalerie, 4,000 hommes de l'artillerie et du génie, on pourrait ramener l'effectif à 360,000 hommes et à 75,000 chevaux. Malgré l'augmentation de la solde, l'économie, dans les premières années surtout du système nouveau, serait importante. L'on rendrait près de trente mille hommes à l'industrie et à la culture du sol. L'armée, quoique moins nombreuse, serait une force beaucoup plus efficace et une institution plus démocratique, car le soldat verrait s'ouvrir devant lui l'avenir qui est réservé aujourd'hui à l'officier.

La seconde combinaison est bien connue. Il s'agit d'employer une partie de l'armée aux travaux entrepris par le gouvernement ou par de grandes associations, et qui peuvent être déclarés d'une utilité stratégique. Ce que nos soldats font en Afrique, pourquoi ne le feraient-ils pas sur le territoire continental? En donnant aux officiers l'instruction qui est nécessaire pour qu'ils prennent goût à la direction de ces travaux, et en accordant aux soldats une prime porportionnée au travail qu'ils exécutent, mais inférieure d'un tiers ou de moitié au salaire de l'ouvrier libre, on obtiendrait des résultats qui ne seraient pas indifférens pour la fortune publique.

Ce système aurait encore l'avantage d'enlever l'armée, officiers et soldats, à l'oisiveté des garnisons qui les démoralise et les énerve. On les endurcirait ainsi aux fatigues, on développerait les forces du corps par le travail et par une nourriture plus substantielle; les occupations de la paix seraient une préparation à la guerre. L'armée distrait chaque année des occupations immédiatement productives, telles que l'industrie manufacturière et l'agriculture, 80,000 jeunes gens qui sont, au point de vue de la vigueur physique, l'élite de la population. Il y a là un mal pour le pays, que l'on prive ainsi d'un accroissement très réel dans la production industrielle ou agricole; il y a dommage pour les jeunes soldats eux-mêmes, quand on déshabitue ces bras robustes des fatigues salutaires, et ces intelligences des méthodes du travail.

L'exécution des canaux et des chemins de fer, telle qu'on l'a organisée chez nous, présente les inconvéniens les plus graves. Elle traîne à sa suite d'immenses agglomérations d'ouvriers qui ne peuvent se former qu'en laissant des vides nouveaux dans la main-d'œuvre réclamée par les campagnes, et qui produisent par leur exemple, sur tous les points où les ouvriers sont appelés, une hausse désordonnée et par conséquent immorale des salaires. Ce déplacement d'une population nomade, qui s'opère sans règle, sans choix et comme au hasard, apporte partout le trouble. Ce sont des régimens civils qui n'ont pas de discipline ni de drapeau, et au sein desquels fermente souvent la contagion la plus immonde. En Angleterre, la race des *navigateurs* forme une armée industrielle qui atteint le chiffre d'environ 300,000 hommes; une enquête récente (1) a révélé, sur ces réunions d'ouvriers, des faits qui indiquent des habitudes étrangères à la civilisation et bien voisines de la barbarie. Le mal, sans être aussi étendu ni aussi profond, a fait bien des progrès en France. Croit-on, par exemple, qu'il n'eût pas été à souhaiter que l'armée exécutât seule les fortifications de Paris, quand on voit les ouvriers agglomérés par ces travaux dans la capitale y entretenir un foyer permanent d'agitation, se mêler à toutes les commotions qui en ont fait un champ de bataille, et qui tendent à la dépouiller de sa population et de sa richesse? Ne craignons donc pas de substituer les soldats aux ouvriers dans l'exécution des voies stratégiques. L'armée est déjà un instrument d'ordre; elle ne cessera de peser sur

(1) *On Railway Labourers.*

nos finances et sur notre industrie que lorsqu'elle deviendra un instrument de travail.

Au budget ordinaire, qui est de 1,408 millions pour les dépenses de 1850, il faut ajouter, pour le compte de l'état, 103 millions à dépenser en travaux extraordinaires. Sur cette somme, le ministère des travaux publics absorbe 91 millions à lui seul, dont 66 millions sont destinés à l'établissement des grandes lignes de chemins de fer; c'est ce budget de l'extraordinaire qu'il me paraît indispensable soit de supprimer, soit tout au moins de modifier de fond en comble.

Je voudrais d'abord que l'état ajournât tous les travaux qui n'ont pas un caractère de nécessité et d'urgence. Pourquoi consacrer, en 1850, 7 millions aux lacunes ou aux rectifications de routes, dans un pays où ce qui manque aujourd'hui, c'est non pas le développement, mais le bon entretien des routes? Ne peut-on pas réduire de moitié les 15 ou 16 millions que l'on destine aux ports et à la navigation fluviale? Et quelle utilité y a-t-il pour la France à entrer plus avant dans l'exécution de ce système absurde à force d'être dispendieux, qui consiste à établir partout un canal parallèlement à un chemin de fer?

Sur le crédit de 66 millions demandé pour les grandes lignes de chemins de fer, 29,100,000 francs sont réclamés pour la seule ligne de Lyon, qu'il s'agit d'ouvrir à la circulation, en 1850, jusqu'à Châlons-sur-Saône. En même temps, le gouvernement propose par une loi de concéder cette grande artère à une compagnie qui, moyennant l'abandon des travaux déjà exécutés, se chargerait de prolonger le chemin de fer depuis Tonnerre jusqu'à Lyon, et depuis Lyon jusqu'à Avignon. En supposant que le projet soit adopté, et il doit l'être, voilà donc une dépense de 29 millions retranchée du budget extraordinaire.

On pourrait supprimer encore une dépense de 10 millions, en mettant à la charge des compagnies de Tours à Bordeaux, et de Tours à Nantes, les travaux qui resteront encore à la charge de l'état, à partir du 1er janvier 1850, moyennant une concession de quatre-vingt-dix-neuf ans, et la garantie de l'état pour les intérêts de l'emprunt que ces compagnies auront à contracter. Que l'on emploie ensuite les troupes, concurremment avec les ouvriers civils, à l'achèvement des lignes de Paris à Strasbourg et de Chartres à Rennes, et le trésor, soulagé du fardeau qui l'accable aujourd'hui, pourra s'établir enfin dans la terre promise de l'équilibre.

Il s'agit d'exonérer l'état, non pas seulement d'une dépense de 40 à 45 millions en 1850, mais encore d'une dépense qui peut s'élever pour l'avenir à 350 ou 400 millions. L'état, qui n'est appelé, dans aucun cas, à exploiter d'une manière permanente les chemins de fer, ne doit exécuter que ce que les compagnies sont hors d'état d'entreprendre. La révolution de février a égorgé les compagnies : elles renaîtront, si

on les encourage, et il faut les encourager, car, si les associations privées ne viennent pas désormais partager le poids des engagemens de
l'état, le ministre des finances n'a plus qu'à faire ses paquets et qu'à
mettre la clé sous la porte.

Que l'on y songe donc, et que l'on y pourvoie sans plus de retards. Nous
avons à terminer nos grandes lignes de chemins de fer; c'est pour nous
une nécessité de premier ordre. Nous avons de plus à ranimer le travail dans nos usines métallurgiques, dans les ateliers et dans les chan-
tiers de construction, où il a presque entièrement cessé. Pour atteindre
ce but, il ne suffit pas de susciter des compagnies qui se mettent aux
lieu et place de l'état, pour faire plus vite que lui ce qu'il avait entrepris de faire: il faut encore que l'on détermine les compagnies exis-
tantes, en accordant à toutes celles qui voudront s'en contenter des
prolongations de jouissance, à étendre leurs lignes et à augmenter
l'importance de leurs travaux. Une guerre ou une forte reprise dans
l'activité industrielle peut seule nous arracher à la catastrophe vers
laquelle nous marchons par la double pente de l'anarchie morale et du
déficit dans les finances. Si une crise est nécessaire, je préfère, pour
mon compte, à l'impulsion de la guerre l'impulsion de l'industrie.

En résumé, 3 millions d'économie sur le ministère de l'intérieur,
20 à 25 millions sur les budgets de la guerre et de la marine, 40 millions à faire passer du budget extraordinaire à la charge des compagnies, une réduction de 15 millions sur les travaux extraordinaires
autres que les chemins de fer, enfin la suppression temporaire de l'a-
mortissement, qui est une dépense de 65 millions: toutes ces réductions,
tant sur l'ordinaire que sur l'extraordinaire, ramèneraient le chiffre
global des dépenses pour 1850, de 1511 millions à 1366 millions. On
n'oubliera pas que dans ce total se trouvent comprises pour 156 millions les dépenses votées et imputées sur les centimes additionnels ou
sur les revenus divers pour les départemens ainsi que pour les communes, en sorte que le chiffre réel des charges auxquelles l'état devrait
faire face ne serait plus, dans cette hypothèse, que de 1210 millions.

II. — RECETTES.

Les revenus de l'état, en 1810, s'élevaient, les frais de perception et
d'exploitation compris, à la somme de 922 millions, sur lesquels 301
millions étaient fournis par les contributions directes, et 558 par les
contributions indirectes.

En passant de l'empire à la restauration, l'on ne trouve de change-
ment sensible ni dans l'assiette ni dans le produit de l'impôt. Les recettes ordinaires de 1821 présentent un total de 927 millions, et ce

n'est qu'en 1829, après quatorze années de paix, qu'elles s'élèvent à 992 millions. En 1821, les contributions directes rapportèrent 327 millions (1), et les impôts indirects 566 millions. Si l'on déduit du budget des contributions indirectes le produit brut de la loterie, on aura 532 millions pour le revenu de 1840 et 514 millions seulement pour celui de 1821.

La tendance de tous les gouvernemens, depuis le directoire jusqu'à la monarchie de juillet, a été de diminuer la charge de l'impôt direct pour en surcharger les contributions indirectes. Ainsi, le principal de la contribution foncière, fixé à 240 millions par l'assemblée constituante, se trouve aujourd'hui ramené, par une série de réductions successives, qui partent de l'année 1797 pour ne s'arrêter qu'à l'année 1821, au chiffre de 159 millions. En tenant compte de l'accroissement que les constructions nouvelles ont apporté dans la matière imposable, on voit que le principal de la contribution foncière, sur les bases que la constituante avait posées, égale, ou peu s'en faut, le principal des quatre contributions directes, qui est aujourd'hui de 252 millions, savoir : 159 millions pour le foncier, et 93 millions pour le personnel, pour le mobilier ainsi que pour les portes et fenêtres.

La propriété foncière, en ce qui touche le principal des contributions directes, jouit d'un dégrèvement permanent et en quelque sorte irrévocable; mais le jeu des centimes additionnels a suivi la tendance essentiellement variable des combinaisons politiques : ils ont été sans cesse en diminuant sous la restauration, et sans cesse en augmentant depuis la révolution de juillet. Ainsi le produit global des quatre contributions directes, qui était de 402 millions en 1816 et de 354 millions en 1821, descendait à 325 millions en 1828, pour remonter à 355 millions en 1832, à 395 millions en 1840, et à 423 millions en 1847; il est évalué, pour 1850, à 429 millions, qui représentent, en addition aux 252 millions du principal, une moyenne de 71 centimes.

Les progrès des revenus indirects suivent les accroissemens de la fortune publique et se mesurent surtout à l'activité du travail. Ces revenus, la loterie déduite, étaient de 483 millions en 1818, de 514 millions en 1821, et de 587 millions en 1828. L'accroissement représentait environ 10 millions par année. En 1833, après un dégrèvement de 36 millions opéré sur les boissons, le produit des contributions indirectes s'élevait à 570 millions, à 687 millions en 1840, et à 824 millions en 1847. Le progrès de ces recettes, en quatorze ans, représente 18 millions par année. De 1827 à 1847, en tenant compte de la réduction opérée sur le tarif des boissons, le produit a augmenté de 46 pour

____

(1) Non compris 25 millions pour centimes facultatifs et extraordinaires.

100, preuve manifeste que ce système de contributions ne gênait pas le développement de la richesse.

Le budget de 1848 évaluait les revenus indirects à 838 millions; par suite du ralentissement que la révolution de février apporta aux consommations de toute nature, le produit de ces impôts descendit à 698 millions, et il fallut combler les vides du trésor par la contribution des 45 centimes. En 1849, même en supposant que le produit du dernier trimestre excède celui du troisième de la même quantité que celui-ci a excédé le résultat du premier, les revenus indirects, réduits de 36 millions environ par le dégrèvement opéré sur la taxe du sel, ne s'élèveront pas au-delà de 691 millions. M. le ministre des finances évalue les produits de 1850 à 709 millions, et à 727 millions en y comprenant les nouveaux impôts sur l'enregistrement et sur le timbre dont il demande l'adoption à l'assemblée nationale.

Voici, au surplus, par chapitres sommaires, le budget des recettes tel que M. le ministre des finances l'a proposé pour 1850.

Contributions directes	429,356,560 fr.
Produits des domaines, des forêts, etc.	47,866,032
Impôts et revenus indirects	709,266,100
Divers revenus	45,308,532
Produits divers du budget	29,156,625
Remboursemens par la compagnie du Nord	10,000,000
Impôt sur le revenu (réduction faite de la contribution personnelle)	60,000,000
Accroissement de l'impôt des patentes	1,000,000
Nouveaux droits d'enregistrement	6,000,000
Droits additionnels sur le timbre	12,000,000
Total	1,349,953,849 fr.
Produit de la réserve de l'amortissement	65,867,167
Recettes du service ordinaire	1,415,821,016 fr.
Service extraordinaire. — Ressources provenant des obligations pour travaux entrepris	103,184,000
Total général	1,519,005,016 fr.

Retranchez de l'ensemble des revenus accumulés par le ministre des finances l'impôt du revenu, dont le produit est évalué à 60 millions, et la réserve de l'amortissement, qui n'est qu'une recette fictive, et que nous ne pouvons plus porter pour ordre au budget des recettes, ayant supprimé l'amortissement dans le budget des dépenses, vous aurez un total réduit à 1,290 millions.

Nous avons montré que les dépenses tant ordinaires qu'extraordinaires pouvaient être ramenées au chiffre de 1,366 millions. Ajoutez 34 millions pour l'imprévu, pour la marge à laisser aux crédits supplémentaires, et vous arrivez à un total de 1,400 millions. C'est donc à une insuffisance de 110 millions qu'il faut pourvoir pour rétablir l'équilibre. Cette lacune doit être comblée sans recourir à l'emprunt, car il ne serait pas possible de puiser à la même source pour couvrir à la fois l'arriéré et le déficit de l'année courante.

Il n'échappera certainement à personne que l'insuffisance des recettes se trouverait comblée et au-delà, si les revenus indirects recouvraient cette fécondité qui en avait déterminé l'expansion dans les dernières années de la monarchie. En 1846, le produit de ces contributions avait été de 827 millions : c'est un excédant de 118 millions sur les évaluations de 1850, excédant qui dépasserait encore de 8 millions la différence à couvrir entre les recettes et les dépenses; mais il ne faut pas espérer, quelles que soient d'une part la sagesse et la fermeté du gouvernement, de l'autre l'empressement de la population vers le travail et vers les idées d'ordre, que la France, par un seul effort de sa volonté, puisse immédiatement, sous le régime républicain, remonter au point culminant de la prospérité qui s'était développée sous le régime monarchique. C'est surtout après les révolutions que le temps devient l'élément nécessaire du progrès.

La politique en matière de finances consiste, non pas à créer ou à trouver une matière imposable, mais à faire produire aux impôts existans et éprouvés tout ce qu'ils peuvent produire. Quand on n'est pas le maître de donner aux intérêts cette sécurité complète qui est le principe impulsif de la production et qui développe par conséquent les consommations sur lesquelles l'impôt lève tribut, il faut du moins rechercher si, dans le domaine que l'impôt embrasse, rien n'échappe à son action.

Cette recherche a conduit M. le ministre des finances à proposer de nouvelles taxes, qui sont destinées à étendre l'action de l'enregistrement et celle du timbre. Le résultat serait un produit de 18 millions. Ce chiffre ne me paraît représenter ni ce qui est désirable ni ce qui est possible. Pourquoi ne pas frapper d'un timbre proportionnel, à raison de 1 pour 100 du revenu, les titres de rente? Pourquoi ne pas soumettre au timbre les titres de pension, les diplômes, les brevets, tous les extraits, en un mot, des actes dans lesquels intervient la puissance publique? Il n'y a pas d'impôt meilleur ni plus susceptible d'être universalisé, pourvu qu'on le modère. Je crois qu'au lieu de 18 millions, on en tirerait aisément 30. Il me semble encore que M. le ministre des finances était mis en demeure, par les nécessités du trésor et par l'opinion publique, de rétablir le droit du timbre sur les journaux. Ce droit, s'il est trop élevé à 5 et 6 centimes, pourrait être réduit à 3 centimes. Même avec cette réduction, il rendrait très probablement, grace à l'extension qu'a prise la clientèle de la presse, une somme de 4 à 5 millions.

En présentant un projet de loi pour la révision du tarif des patentes, projet qui accroît les revenus publics de la chétive somme d'un million, M. le ministre des finances y comprend pour quelques centaines de milliers de francs les offices ministériels, dont chacun connaît l'importance même sous le rapport du revenu qu'en retirent les titulaires. Ce plan sera jugé dérisoire. Le taux de la patente doit être proportionné à la valeur de l'industrie que le patentable exerce. Qui voudrait prendre au sérieux une patente de 500 francs lorsqu'elle frappe un notaire de la capitale ou un agent de change à qui sa charge rapporte 80 à 100,000 francs par an ? Les possesseurs d'office comprennent bien que l'impôt confirmera dans leurs mains une sorte de propriété qui s'étend jusqu'à la faculté de céder ou de vendre, et ils demandent à être imposés. Ce sont les contribuables qui vont ici au-devant de la taxe, et c'est l'état qui refuse de la percevoir. Il faut avouer que M. le ministre des finances a rompu avec toutes les traditions du fisc, et qu'il intervertit singulièrement les rôles.

On compte en France 64 avocats au conseil, 3,500 avoués, 10,800 notaires, 697 agens de change et 638 greffiers des cours ou tribunaux, sans parler des huissiers ni des commissaires priseurs. Le revenu annuel de toutes ces charges excède très certainement 80 millions de fr. Quand l'impôt prélèverait le dixième de cette richesse, il la traiterait encore mieux que la richesse foncière, qui voit prélever en moyenne par l'état le sixième ou le septième de son revenu. Que l'on ajoute à la patente des notaires celle des avocats et des agréés de tous rangs, et le produit de la nouvelle taxe s'élèvera sans difficulté à quelque chose comme 10 millions.

L'assemblée constituante a supprimé les droits établis sur les boissons, à partir de 1850. M. le ministre des finances propose avec raison de les rétablir, car le trésor public n'est pas en mesure d'abandonner aujourd'hui une recette de 100 millions. Le régime de ces droits n'est plus, j'en conviens, en harmonie avec les usages d'un peuple libre, et le taux en est encore hors de proportion, du moins en ce qui touche les vins, avec la valeur de la denrée à laquelle l'impôt s'incorpore. Il faudrait évidemment, par respect pour la justice et afin de donner satisfaction à nos populations méridionales, réviser en 1850 le système des droits sur les boissons. Je n'admets, en aucun cas, la suppression complète. Les boissons ont de tout temps été considérées comme une matière imposable. En Angleterre, on demande 300 millions à cette nature de taxes, et la drèche seule produit à peu près autant que rapportent chez nous l'alcool, le vin, la bière et le cidre ensemble. Ajoutons que l'on ne fait rien ou que l'on fait bien peu en supprimant les droits perçus par le trésor, tant qu'on laisse subsister les droits payés, à l'entrée des villes, sous le nom d'octrois. L'existence des droits d'oc-

troi entraîne celle des droits de circulation, d'entrée et même de dé-
tail. Ce sont là autant de parties intégrantes d'un seul et même impôt.
La révision du système aura lieu plus tard; elle n'est pas possible aujourd'hui. En ce moment, il n'y a pas autre chose à faire que de rétablir purement et simplement, quoi qu'il en coûte, les droits qui ont
été imprudemment abolis. Que les départemens méridionaux prennent
donc aujourd'hui conseil de leur patriotisme. C'est un sacrifice qu'on
leur demande pour échapper au naufrage; ils le feront sans hésiter et
sans murmurer. Ils se donneront le mérite d'accepter, en hommes ré-
solus et en bons citoyens, la nécessité qui commande.

La réduction de la taxe du sel, après février, était inévitable : on l'a
peut-être prématurément décrétée; mais, sans discuter ici l'opportunité
de la concession, il est permis de penser qu'elle passe la mesure. On a
retranché de l'impôt deux décimes par kilogramme, et, la consommation ne s'étant pas accrue comme on l'avait supposé, il en résulte une
perte pour le trésor qui excède 36 millions. Les contribuables n'ont
pas certainement été soulagés dans la même proportion dans laquelle
l'état a été lésé; aussi la plupart réclament et en sont presque à re-
gretter la taxe. Je ne propose pas de la rétablir dans son taux primitif,
mais on peut, sans inconvénient, la porter à 2 décimes par kilogramme, et ajouter ainsi aux recettes plus de 20 millions.

J'en dirai autant de la taxe des lettres, dont le produit, évalué à
42,800,000 francs pour l'année 1850, reste inférieur de 10 millions aux
recettes de l'année 1847. Ici, la modération et l'uniformité de la taxe
ont provoqué un accroissement notable dans les quantités imposées.
C'est un progrès qu'il ne faut pas compromettre. Mais, en élevant la
taxe à 25 centimes, on ne découragerait pas les consommateurs pauvres, et l'on augmenterait très probablement de 8 à 10 millions le revenu public.

La contribution personnelle et mobilière est mal assise. Les pauvres
paient plus qu'ils ne devraient payer, puisque les villes rédiment, par
un prélèvement sur l'octroi, les cotes établies sur les loyers de 200 fr.
et au-dessous, cotes qui seraient irrecouvrables. Les riches, de leur
côté, n'acquittent qu'une taxe insignifiante, qui ne répond pas le moins
du monde à la grandeur ni au luxe des habitations. Cet impôt devrait
être, pour la fortune mobilière, une véritable taxe de consommation,
et se proportionner indirectement à l'aisance dont jouit chaque chef de
famille. En attendant une révision dont les bases doivent faire l'objet
d'une étude mûrement élaborée, il faut mettre un terme à un état de
choses qui ressemble, pour plusieurs, à une exemption relative d'impôt. On y pourvoirait en établissant une taxe additionnelle à la contribution personnelle et mobilière, qui serait de 25 pour 100 pour les
contribuables ayant un loyer de 400 francs à 600 francs, de 50 pour

100 pour les contribuables ayant un loyer de 600 fr. à 800 fr., de 75 pour 100 pour les contribuables ayant un loyer de 800 francs à 1,000 fr., et de cent pour cent pour les contribuables ayant un loyer de 1,000 fr. et au-dessus. J'évalue à 8 ou 10 millions cette ressource supplémentaire. On pourrait y ajouter une taxe sur les domestiques, qui, à raison de 20 francs par homme et de 10 francs par femme employée, produirait encore 8 à 10 millions (1).

Voilà pour les ressources permanentes dont la justice veut et dont la nécessité exige que l'on fortifie le revenu public. Restent maintenant les ressources ou plutôt les expédiens de circonstance. Je les ai déjà résumés d'un mot, en proposant, pour un an ou deux, jusqu'à ce que le revenu public ait recouvré sa puissance d'expansion, une sorte de dîme républicaine.

Cette dîme ne peut pas s'appliquer, on le sent, aux contributions de toute nature, car il est des impôts de consommation dont on courrait le risque de diminuer la fécondité en exagérant les tarifs. En ce qui touche l'impôt direct, le décime nouveau ne doit porter que sur le principal, si l'on ne veut pas renouveler la faute des 45 centimes.

J'en limiterais l'application aux quatre contributions directes, à l'enregistrement et à une retenue du dixième sur les traitemens et sur les pensions des fonctionnaires, en exceptant de cette retenue les armées de terre et de mer. Voici le résultat approximatif de ces combinaisons diverses :

MESURES DÉFINITIVES.

Un décime ajouté à la taxe du sel.	23,000,000 fr.	
Cinq centimes ajoutés à la taxe des lettres.	10,000,000	
Patentes des avocats et des officiers ministériels.	10,000,000	
Timbre sur les journaux.	4,000,000	
Taxes additionnelles à l'enregistrement et au timbre, 30 millions au lieu de 18, différence.	12,000,000	75,000,000 fr.
Taxe additionnelle à la contribution personnelle et mobilière.	8,000,000	
Taxe sur les domestiques.	8,000,000	

MESURES TEMPORAIRES.

Retenue d'un dixième sur les traitemens et pensions.	10,000,000 fr.	
Décime additionnel aux taxes d'enregistrement.	17,000,000	56,000,000 fr.
Décime additionnel au principal des quatre contributions directes.	29,000,000	

Total général.	131,000,000 fr.

(1) On évalue à 200,000 hommes et à 500,000 femmes le nombre des domestiques employés, en dehors des valets de ferme et des bergers.

Le budget des recettes tel que M. le ministre des finances le propose, si l'on en retranche la recette fictive de l'amortissement et l'impôt du revenu, se réduit, comme on l'a vu, à 1,290 millions. En y ajoutant les ressources additionnelles qui viennnent d'être indiquées, on obtient un total de 1,421 millions. Nous avons évalué les dépenses, tant ordinaires qu'extraordinaires, à 1,366 (1) millions, et à 1,400 millions en laissant une marge de 34 millions pour faire face aux éventualités des crédits supplémentaires. Par-delà toutes ces nécessités, le budget des recettes, suivant nos prévisions, présenterait encore un excédant de 21 millions. Ainsi, le présent n'ajoute plus rien aux charges du passé, l'équilibre est rétabli, et la sécurité financière est complète.

III. — MOYENS DE CRÉDIT.

Je me suis attaché avant tout, dans cet écrit, à dégager nos finances de la pression d'un avenir en quelque sorte immédiat qui paraissait gros de catastrophes. J'ai cru que la France trouverait aisément, dans les ressources du crédit, les moyens de liquider les engagemens que lui a légués le parti des républicains de la veille, si l'on prenait la ferme résolution de subvenir désormais à tous les besoins, à ceux du moins que l'expérience permet de prévoir, avec les seules ressources de l'impôt. L'équilibre des recettes et des dépenses a pu n'être jusqu'à présent qu'un intérêt de premier ordre; je l'ai considéré, à partir de ce jour, comme une question de vie ou de mort.

Les revenus ordinaires de l'état doivent suffire, non-seulement aux dépenses ordinaires, mais encore aux dépenses extraordinaires. Je n'admets pas deux budgets distincts : cela peut être un moyen d'ordre pour la comptabilité, mais pour le gouvernement c'est une cause de désordre. Tout ce que l'on peut accorder, c'est que, dans l'intérêt des grands travaux publics, l'action de l'amortissement soit suspendue et que les fonds que le budget y consacre soient employés, quand il y a profit à le faire, à construire des chemins de fer ou à creuser des canaux. Toute nation est libre d'examiner s'il devient préférable pour elle, dans des circonstances données, de travailler à l'extinction de sa dette, ou de préparer l'accroissement du revenu en ajoutant au capital productif de sa richesse.

L'amortissement a été employé pendant long-temps, non pas à éteindre la dette, non pas à solder les dépenses extraordinaires, mais à combler l'abîme des découverts que laissaient perpétuellement les dépenses

(1) Les dépenses générales, évaluées à 1,366 millions, ne sont que de 1,210 millions, si l'on en déduit les charges locales. Les recettes, déduction faite des sommes destinées aux dépenses locales, ne seraient plus que de 1,265 millions.

ordinaires. Cette pratique abusive mène droit à la ruine, et il est bien temps d'y renoncer. Je supprime donc les 103 millions d'obligations que proposait de créer M. le ministre des finances, et qui deviennent inutiles avec un budget équilibré. Dans ma pensée, l'amortissement est une hypothèque de 65 millions mise sur le revenu de l'état, et qui doit servir, soit à diminuer le fardeau, soit à prévenir l'aggravation de la dette publique. 65 millions, voilà le fonds auquel l'état peut légitimement puiser pour entreprendre les travaux que les grandes associations ne seraient pas en mesure d'aborder. Encore faudrait-il le considérer comme une limite extrême. Lorsque la France aura porté le réseau de ses communications à un degré de perfection et de développement qui ne lui laisse rien à envier au reste de l'Europe, elle fera mieux assurément d'amortir sa dette, ou d'accorder une remise d'impôt aux contribuables, que de multiplier encore les voies de fer ou les voies d'eau.

Nous avons admis que le découvert de l'année 1849 excéderait 260 millions, et que le découvert total à supporter par la dette flottante s'élèverait à 630 millions dès le début du prochain exercice. Convient-il aujourd'hui, pour diminuer cette dette, d'en consolider une partie et d'adjuger, ainsi que le demande M. le ministre des finances, un emprunt de 200 millions? L'opération ne me paraît ni opportune ni nécessaire. Je dirai pourquoi.

L'excédant des recettes sur les dépenses, en 1850, peut servir, dans mes prévisions, à diminuer le découvert de 25 à 30 millions. Sur les 600 millions qui restent, 50 sont dus à la Banque de France à titre d'avances, et la Banque n'en réclame pas le remboursement immédiat. Il y a plus, aux termes du traité qu'elle a conclu avec l'état, l'état peut lui demander encore 100 millions que la Banque, voyant ses escomptes se restreindre, s'estimerait heureuse de prêter. Ce serait, en attendant mieux, une conversion partielle de la dette flottante, qui se trouverait réduite ainsi à 500 millions. L'état, en augmentant l'étendue de ses obligations à l'égard de certains établissemens publics, diminuerait celle de ses obligations vis-à-vis des particuliers. La position du trésor gagnerait en sécurité et en indépendance.

Sans doute, il est difficile d'ajourner indéfiniment l'emprunt; mais on peut encore attendre. Un emprunt de 200 millions, contracté aujourd'hui au taux probable de 82 fr. pour 5 fr. de rente, grèverait le budget d'une charge annuelle de 12,700,000 francs, tandis qu'en le renvoyant à des temps meilleurs, on contracterait à 90, à 95 francs, peut-être même au pair.

Il y a une raison plus décisive encore de différer l'emprunt : c'est que le fonds disponible des capitaux auxquels s'adresse l'état, quand il emprunte, est le même qui subvient aux entreprises de l'industrie privée, et que ce fonds, aujourd'hui, n'est rien moins qu'inépuisable. Ne recommençons pas les fautes de la monarchie. Le gouvernement de juillet, au moment où il inondait le marché d'actions de chemins de fer, ouvrit un emprunt de 200 millions, et, au lieu d'assister le crédit des compagnies, leur fit une concurrence qui devait être fatale à tout le monde. On en vint à demander à la place de Paris jusqu'à 60 millions par mois, et il en résulta que les prêteurs, comme les actionnaires, étant obligés d'emprunter pour acquitter leurs engagemens, tous les ressorts du crédit se tendirent jusqu'à se rompre.

Si l'état appelle aujourd'hui les compagnies à s'associer à l'œuvre des chemins de fer, il ne doit, dans son propre intérêt, leur enlever aucune de leurs chances. S'il veut que ces entreprises trouvent de l'argent, il ne doit pas leur disputer les capitaux, trop rares encore, qui cherchent un placement avantageux. La compagnie de Lyon, à elle seule, aura besoin de 250 millions en quatre années. Supposez que toutes les autres compagnies nées ou à naître exigent une somme égale en versemens ou sous forme d'emprunts, il faudra trouver 125 millions par année pour l'exécution des chemins de fer. Y aurait-il de la prudence à jeter au travers de ce mouvement industriel une émission de rentes? L'état, pour faire appel au crédit, ne doit-il pas attendre que l'avenir des grandes entreprises soit assuré?

L'emprunt peut être ajourné, sans inconvénient ni péril, au printemps de 1851. A cette époque, il suffira d'emprunter 150 millions, dont les versemens s'effectueront à raison de 10 millions par mois, et qui serviront à rembourser le prêt fait par la Banque. Cette combinaison réduira la dette flottante à 450 millions, dont 50 représenteront des avances faites sans intérêt par la Banque. Descendre à un niveau inférieur, ce serait supprimer la dette flottante, dont l'existence restera nécessaire pour servir d'asile aux capitaux sans emploi, tant que la France sera un pays riche, Paris un marché de capitaux, et le crédit de l'état la commune mesure du crédit.

La plaie de nos finances est profonde, et paraît à quelques-uns mortelle. J'ai essayé de montrer comment on pouvait la fermer, et faire circuler dans le corps social la santé et la vie; mais cela n'est pas possible à toutes les politiques. La politique du laissez-faire, celle qui s'abandonne et qui abandonne les autres, serait la dernière à y réussir.

L'assemblée constituante, de la même main qui entassait les dépenses sans compter, n'a pas craint de démolir les recettes. La guerre à l'impôt y était populaire et systématique; la défense de l'impôt n'y trouvait que des organes équivoques, embarrassés et presque honteux de leur rôle. C'est une cause à regagner par des procédés absolument contraires à ceux par lesquels on l'a perdue.

Il n'y a pas de finances sans un gouvernement ferme, qui sache ce

qu'il veut, et qui ne perde pas un instant de vue l'accomplissement de
ses desseins. La pensée qui fait régner l'ordre dans les dépenses est la
même qui le fait respecter sur la place publique. Ce sont deux faces et
comme deux applications d'une seule volonté. La première république
a péri par le désordre des finances autant que par l'anarchie du pouvoir. Espérons que la seconde finira par nous donner un spectacle tout
différent. Il serait trop douloureux de penser que le parti modéré, qui
entreprend d'élever la révolution à la hauteur d'un gouvernement, ne
saura se montrer ni plus capable ni plus vigoureux que les hommes
qu'il a supplantés aux applaudissemens de la France.